本书出版得到中共广州市委宣传部与广州大学共建广州大学新闻与传播学院项目

广州大学重点人才项目"青年群体价值多元化的传媒引导研究"的资助

媒介文化研究

Media Culture Studies

（第三辑）

陈龙　主编

李春雷　曾一果　执行主编

上海三联书店

媒介文化研究（第三辑）
Media Culture Research

目 录 CONTENTS

数字技术与媒介伦理

特稿

蒋原伦 ①

人工智能的脚步声

（同济大学艺术与传媒学院　上海　201804）

　　笔者周围的人群几乎都是学文科的，坐在一起讨论人工智能的话题我总感觉有点自不量力。表面上是我们选择了这样一个题目来谈论，实际上，是某种大趋势告诉我们，应该而且必须要回应人工智能崛起这样一个话题。

　　回想我们的日常生活，几乎都是被科技的"进步"所改变的（这里"进步"两个字是打引号的，因为确实不清楚人类会进步到哪里，或者说，这到底是进步还是走向悬崖）。首先是衣食住行的方方面面，譬如支付宝的应用就使得我们的日常经济生活为之改观；其次是工作状态的改变，你必须会使用各种电脑软件，要应对各种电子文档和表格。所有这些，几乎都是在迫不得已的情形下，勉强适应。当然，社会上有一种人声称自己是技术控，他们是追着技术的步伐前进，任何新技术和新媒体发明，他们总是第一个使用，每有一款新制式电脑或新手机面世，他们就立即更换。我想人类群体的分类有无数种方法，恐怕以抵制新技术和拥抱新技术为标准来划分人群也是一种有意思的方式。前者是绝缘体，后者是媒体。

　　到目前为止，尽管笔者个人直接的生活和工作范围内还没有出现人工智能应用，但是我显然听到了人工智能越来越近的脚步声，

---

　　① 蒋原伦，同济大学艺术与传媒学院教授，博士生导师。主要从事新闻与传媒、中国古代史、哲学等方向的研究。

并且像智能手表、智能手环或智能内衣等等新型生活用品已经逐渐在我们的日常生活中发挥了越来越重要的作用，人们关于人工智能的热烈讨论，也成为这类声音的组成部分。以往的经验表明，整个社会欢迎作为使用工具的人工智能，它能够帮我们处理一些工作和生活中的棘手难题，但是人们也警惕或恐惧作为一个独立主体或半独立主体出现的人工智能。这里情况就要复杂多了，因为人工智能不仅带来了伦理问题、权益问题和相应的种种社会难题，更大的可能是带来灾难。因此说到人工智能的脚步声，不免会联想到詹姆斯·卡梅隆《终结者》电影中，施瓦辛格所扮演的机器人 T—800 的恐怖身影和步伐。故人们难免对人工智能的进一步发展怀有霍金式的恐惧。当然在所有《终结者》系列电影中，最后的结果是人类战胜机器人，但是这不能消除我们的惊恐，因为人类最后的胜利是一种惨胜。

虽然关于人工智能的话题是开放的，学界可以从各个方向和角度来讨论人工智能的未来走向，但是由于笔者的专业和研究方向，更加关注的是和人工智能的前景与新闻传播学发展路径之间的关联。

就新闻学来说，人们首先想到的是新闻业务，如人工智能在新闻采编和写作中发挥的作用。在本世纪的头一个十年，西方的一些高科技公司如 Automated Insights 已经推出了新闻编写软件，进而又有了编辑方面的智能软件，使得新闻采编的效率大大提高。然而，再进一步，人工智能必然介入传播环节，人工智能传播主要依据的是大数据分析，通过算法和分析技术，把握用户的潜在需求，以便精准地投放信息，获取点击量，这里似乎也暗含着有某种议程设置。

一、人工智能与议程设置

一般而言，关注新闻的社会效用，不能不提及议程设置功能。所谓议程设置功能的理论，是美国传播学家麦库姆斯和唐纳德·肖在 1968 年总统大选中有关媒体作用的研究中提出来的。其可以概括为：大众媒体不能影响人们怎样想，却可以影响人们想什么。即大众媒体的报道能有效地引导读者首先关注哪些新闻或社会事件。

按教科书的说法，媒体议程设置将深刻影响受众的议程设置，进而左右政府的政策议程设置。因此正是在这种意义上，可以说大众传媒是"环境再构成作业"机构。

但是在今天，情形有明显变化，因为互联网和智能手机的出现，媒介的议程设置出现了分化，大众媒体的议程设置功能同时也承担分众议程设置功能。最近的例子，今年"五四"前后官媒的或主流媒体的议程设置是习近平总书记在北大的讲话和马克思诞辰200周年纪念的重大活动。

微信和社交媒体上的议程是北大校长关于鸿鹄之志的各种讨论，这一讨论持续了一周，显然，微信的议程和主流媒体的议程设置发生了背离。其实这种背离现象在当今的时代相当普遍，这一背离，部分归因于自媒体的兴起，没有互联网和手机，不会有这一现象的产生。当然这里还有一个大众心理问题，北大校长念白字是一个契合大众心理的传播题材，大众心理或大众趣味是网络传播的助燃剂。大众心理或者说社会群体心理是由人的思维、情感、认知、行为习惯和群体间相互影响等因素组成。但是在人工智能研究者看来，以上一切都统统可以作为数据而存在，而数据的功能就是为算法提供可以相应运作的材料，数据库越庞大，那么算法就越精准，越能给出数据的头部形态，并且进一步，使得各种信息能发挥其长尾效应。当然从议程设置的这个概念出发，在这一"设置"中，主观的和人为的成分较多，但是在人工智能的研究者看来情形并非如此，主观行为背后有所谓生命的算法在起作用。所以表面上看，人们的行为是自主的和自为的，实际上，是自在的和自然选择的结果，是几百年乃至上千年进化而成的算法。即无论人们的理智取向还是情感偏好其实都是生化反应的结果。①

那么人工智能的出现会对媒体的议程设置功能发挥什么样的影响力？一是根据大数据来作议程设置，即哪类消息吸引大众的眼球，就不断撰写和提供或推荐与此同类的消息。二是人工智能一旦

---

① ［以］尤瓦尔·赫拉利：《未来简史》，林俊宏译，北京：中信出版社2017年版，第11章。

成为独立主体后，会有自己的不同于以往的舍取标准。即推送符合自己口味的内容作为议程设置，就如主流媒体根据政府的施政意志设置其媒体议程一般。然而，其中有一点毋庸置疑：即在互联网时代，媒介环境的复杂性导致议程设置的多元性。无论是主流媒体的议程设置还是社交媒体的分众议程设置，其首要前提是个人电脑和各类移动终端。正是这些终端拓展了议程设置的广度和范围。特别是在各类社交媒体中，媒介形态从博客、微博到微信朋友圈、微信公众号等，裹挟的人群越多，媒介的议程设置的权力越是难以集中。由不同的价值观、不同的年龄、不同的性别、不同的职业和经济地位所组成的媒介人群，每时每刻都在制造日常生活的多种议程。

由此，分众议程设置成为常态，这也是社会进入二元智能时代的必然现象。即碳基智能（人）和硅基智能（机器人）之间可能会在议程设置上形成某种博弈，更可能的是人工智能取代人，成为议程设置的首要策源地。

二、人工智能与标准设置

随着人工智能的发展，在其涉足的领域也一定会形成一种新的判断标准。以人工智能最新成果阿尔法狗为例，阿尔法狗战胜所有世界围棋顶级高手的意义不仅表明机器可以完胜人类，而且已经深刻影响到棋手们的判断标准和判断心理。在今天的围棋现场直播中，国手们每走一步棋，人工智能就会提示，这一步棋的胜率是多少。有时棋手的某一步棋走得不妥当，胜率提示就会急剧下降。这里仿佛机器人是最公正的裁判，我们可以绝对信任。当然可以确信的是，机器于对弈的双方没有情感偏好，也不存在利益关联，也就是说人工智能成为竞技体育的判断标准，是有一定的客观性。正是这一客观性，影响着人们的判断取向和判断心理。也就是说对于下一盘好棋的标准再也不是由吴清源、聂卫平这样的围棋大师来判定，而是由机器人来承当，因为机器人公正无私，因为机器人洞若观火，它对于已经发生的行为和即将发生的行为了如指掌。当然目前这种情形还只是发生在智力竞技范围之内，如在围棋和国际象棋等棋类运动的范围内，也许不久就会蔓延到所有的相关领域。眼下我们已经见识了投篮机器人，不久的将来就会有踢球机器人等陆续现身。当然也可以想象在一切体育竞技运动中，这些机器人的行为和动作将成为训练运动员的标准和规范，一切不符合机器人行为的动作，都可以看成是冗余的动作，属于剔除之列。也许有朝一日，会有两队机器人在进行比赛，而在场边的教练也是智能机器人。这种可怕情形的出现，会将人从顶级的体育竞技中挤出圈，使人无所事事，而人类可能做的是进入赌球行业，将赌注押在红队或蓝队身上。

当然说到人工智能的标准设置，往往是指在效率方面，这效率是多方面的，既可以指速度和强度，也可以指步骤的精准和资源消耗的减少等等。在工业、制造业和服务业方面，在一切讲究效益的场所，机器人标准都大有作为。不过效率并不是一切，在讲究效率的同时，人们还期望有心理上的和主观感受上的满足。过于强调标准的一律，会使我们的生活丧失厚度和韵味，会使某种行为相联系的习惯和记忆会被抹杀，比如下围棋，如果人类的每一手棋都按照人工智能的提示来走，那么以往的围棋历史和相关的传统就会统统被遗忘。

人们欢迎为人类服务并能解放人类劳动力的人工智能，因而积极开发和制造受人类掌控的机器人。自然，人们也警惕和恐惧由机器人来控制人类和摆布人类。但是如果我们的一切动作标准和行为模式都由人工智能来设置，那么人类实际上已经提前为机器人所控制。也就是说在人工智能作为独立主体对人类真正产生危害之前，在詹姆斯·卡梅隆塑造的终结者到来之前，人们在精神上已经丧失了独立性，向机器人投降了。

三、人工智能与趣味

与围棋等智力竞技体育相对的是艺术活动，竞技活动是要决出高下的，艺术活动显然不同，艺术是在时间中流传，在不同的群体中传播，没有绝对的胜负。有一句话叫"趣味无争辩"。我想如果人工智能从效率领域演进到学术领域和艺术领域会是怎样一个局面？学术研究重要的是选题，选题有作者的个性或者话语逻辑，艺术活动是灵感和个人风格，据说这些在以前看来都是非常个性化的领域目前已风雨飘摇，不久的将来均可由机器人来取代。如果说由人工智能来撰写新闻稿已使人吃惊，那么由机器人来写诗更是让人大跌眼镜，然而，机器人确实能写诗，而且写得更快。在诗歌创作中，社会生活内容相对于小说与散文要稀薄，它更讲究词语的组织和修辞的运用，便于机器操作。因为人工智能早已将这些都化为"算法"。在算法面前，所有个性化的思想、行为和情绪都是可以复制的，没有独特的人，只有不同的算法。由此，以往文艺复兴以来的大写的人，受到严重的挑战。人道主义也好，人文主义也罢，包括诗歌创作中的"灵性"等等，一切一切都显得幼稚而不靠谱。

我们被告知，未来的人工智能更可能是另一种行动主体，它能够在运作过程中不断自我学习、自我完善。无论是胡塞尔的还是哈贝马斯的有关主体间性的理论，似乎都无法涵盖这样一个新型的机器主体。既然人工智能会给人们的行为和效率设置标准，那么作为独立主体的人工智能会给今后社会带来什么影响，例如是否会对人们所谓的趣味发挥其作用？这虽然一言难以说透，但确实是一个不可回避的问题。

在纸媒时代，人们将某些报纸称之为小报，不是指尺寸小，而是指某种趣味，低级趣味。现在还无法预测人工智能进一步在传播事业上的运用，会出现怎样的景象。即难以想象人工智能会提供和传播一种怎样的趣味。

趣味是一种个体心理和群体心理交互的产物，趣味背后有文化积淀。这一概念曾经被一些文学家和艺术批评家作为美学范畴来运用，如"专指一种把握美的对象的能力"，或者把趣味说成是诸多审美体验的合成。[①]我们每一个人有不同的微信朋友圈，不同的朋友圈传播不同的趣味，如老年人群体传播养生是一种趣味，年轻的妈妈群体讨论宝宝的培育是另一种趣味，驴友圈有自己博览的趣味，学术圈子当然更有理智方面的趣味。这不同的趣味是由不同人群的经济地位和职业背景之间的差异所构成的。而在同一个群体之内，

---

① ［美］雷纳·韦勒克：《近代文学批评史》（第一卷），杨岂深、杨自伍译，上海：上海译文出版社1987年版，第144—145页。

趣味的形成则是人文传统得以延续的条件。

人工智能与人工智能之间，有无交互活动？这一交互活动是否相近于人类的社会心理活动，最后又会形成何种趣味？如果人工智能的出现，导致某种统一趣味的形成，实际上就是趣味的丧失。趣味这个词本身就表明其内涵的多样化，不同于流俗。如果有了统一标准，就无所谓趣味。

以上仅从议程设置、标准设置和趣味传播几个方面来讨论人工智能的某种前景。其实人工智能最初作为计算机学科的延伸，发展到今天，已经跨越了种种学科的藩篱，进入了广阔的天地，或者说它横跨了众多的领域，将所有的由人掌控的对象都包罗在内。因此如果我们仅仅站在以上传播学的立场来理解人工智能的前景是狭隘的。人工智能虽然为人类所创造，但是它也许会成为人的对立面，因为它以严谨的逻辑来剿灭人的多样性。

如果站在人文主义立场上，抵御人工智能在所有的领域给我们设置的标准，反对机器人的趣味，并使人工智能的发展势头有所减缓，有无可能？答案估计是否定的。因为新进入的资本想在竞争中取胜，新生的力量要占领市场，只有通过新的手段，人工智能显然是最好的投资选项。另外大资本在其运作中倾向于人工智能（如最近看到一则消息，就是某一位企业家在世界零售大会上接受采访时所说的，该企业以后要无人化运行。这样可以将16万员工减到8万，也可以少交多少税，节省多少工资等），这些都会促成人工智能开发步伐的加快。

所有对人工智能持谨慎态度的人，往往是出于自己的良知和深邃的忧虑，他们并没有形成一股反对的力量来阻碍其发展，而大力推进人工智能的一方，则往往为利益和目标所驱动，分进合击，奋力前行。故我们听到了越来越近的脚步声。

陈岳芬 ①

视觉修辞与视觉表征：央视生态纪录片的劝服功能及其动员机制 ②

（汕头大学长江新闻与传播学院　汕头　515063）

【摘　要】纪录片的视觉修辞和视觉表征，一直是研究的难点。本文以央视生态纪录片为分析对象，采用图像分析和文化批判的方法，深入剖析其视觉修辞的语义结构和视觉表征的意指实践，阐述其说服、动员功能的实现方式和实现途径，并推导出生态纪录片的两个动员机制——空间动员和共意动员，以期达成两个目的：一是揭示央视生态纪录片如何以声画的形式建构意义以推动生态文明的传播，二是为生态纪录片的建构和分析提供理论资源。

【关键词】生态纪录片；视觉修辞；视觉表征；空间动员；共意动员

一、问题的提出

党的十八大（2012.11）以来，生态文明继写入党章（2013.01）之后又被写入宪法（2018.03），成为党的执政纲领之一。这是一场由中央高层发动、媒体深度配合、全民动员的自上而下的生态

① 陈岳芬，汕头大学长江新闻与传播学院教授，硕士生导师，主要研究方向：媒介文化、危机传播。

② 本文为国家社科基金项目"媒体融合的难点与可行路径研究"的阶段性成果（项目编号：19BXW025）。

保育运动。其间,以央视为代表的主流媒体生产制作了一系列生态纪录片,凸显环境传播的社会属性,代表作品有:《自然守望者》(2013)、《美丽克什克腾》(2014)、《红线》(2015)、《第三极》(2015)、《自然的力量》(2016)、《极地》(2017)、《家园——生态多样性的中国》(2018)、《生生不息》(2019)等。作为人类文明发展史上的新阶段,"生态文明的核心理念是人与自然的和谐相处与共同发展,它的持续发展动力源于积极成熟的公民意识"①。纪录片以声画的形式描述一个情况或者表现一个问题,依靠事实表达观点,成为最适合争议话题的表达形式,以激活或转变公民意识。那么,央视生态纪录片是如何以声画的形式描述生态问题以作用于公民意识的?

为回答这一问题,首要解决的是,生态纪录片是如何完成图像符号与价值观念之间的勾连并作用于受众的? 具体落实为视觉修辞的征用和视觉表征的施行,因为"视觉修辞首先预设的任务是,以一种图示的方式完成图像符号与某种价值信仰之间的深层勾连关系"②。而表征,则是特定语境中的"意指实践",是人们"赋予事物以意义的方法"③。前者专注于符号的生产,后者侧重于符号的传播与接受,两者的作用方式不尽相同。由此,上述问题可分解为下列三个研究问题:1. 生态纪录片是如何建构其视觉修辞的,具体的操作方式有哪些? 2. 生态纪录片是如何实施其视觉表征的,它们如何起作用? 3. 央视生态纪录片如何凭借视觉修辞和视觉表征激活抑或转变公民意识,其作用机制有哪些? 本文采用文本(图像)分析方法和文化批判方法,对上述纪录片的性质、功能及其作用方式展开分析和评价。

---

① 赵蕾:《加强公民生态文明意识建设的思考》,《马克思主义现实》2007年第3期。

② Hill, Charles A., "The Psychology of Rhetorical Images", in *Defining Visual Rhetorics*, Lawrence Erlbaum Associates, 2004, pp. 25-40.

③ [英]斯图尔特·霍尔(主编):《表征——文化表象与意指实践》,徐亮、陆兴华译,北京:商务印书馆2003年版,第16页。

二、视觉修辞与视觉表征的理论来源

早在古希腊时代，因论辩的需要，亚里士多德提出"修辞的本质是劝说"，将其定义为"一种能在任何一个问题上找出可能的说服方式的功能"①，并详细地论述了三种劝说模式：逻辑诉诸、人格诉诸和情感诉诸，"说服他人的过程，实际上是对这三个修辞劝说模式的应用过程"。②德裔美籍符号学家苏珊·朗格认为，修辞的本质是以一种"象征的力量"影响人们的思想、情感与行为。可见，修辞以语言或象征的方式作用于人的思想与情感，以期形成影响，实现其劝服功能。

随着世界被进一步地"构想和把握为图像"（海德格尔，1938），罗兰·巴特（R. Barthes，1964）和学生杰克斯·都兰度（J. Durand，1970）首倡图像修辞，修辞学在图像时代发生了"视觉转向"，最初用以分析广告中的图像说服力。③人们认识到"图像和语言一样是由许多不同的力量、制度和历史环境建立的交流形式"，视觉修辞被定义为"依赖视觉批评去阐明图像本身以及图像周围所包含的权力和知识的复杂动态关系"④。其首先预设的任务是"图像如何说服"，也即"视觉修辞如何影响信仰、态度和观点"⑤。美国传播学者福兹（S. K. Foss，2004）提出视觉修辞研究的三个基本命题：性质、功能和评价（nature，function，or evaluation），性质致力于探讨"视觉艺术的构成质量和特征"，主要存在于"事物呈现"（Presented Elements）和"事物指涉"（Suggested Elements）两种表征机制之中，分别对应着图像本身及其意义的理解，其间涉及功能

---

① [希]亚里士多德：《修辞学》，罗念生译，北京：生活·读书·新知三联书店1991年版，第24页。

② 谭丹桂：《亚里士多德修辞学三种劝说模式在说服行为中的应用》，《咸宁学院学报》2009年第1期。

③ 冯丙奇：《视觉修辞理论的开创——巴特与都兰德广告视觉修辞研究初探》，《北京理工大学学报（社会科学版）》2003年第6期。

④ Finnegan, C. A., "Documentary as art in U.S. camera", in *Rhetoric Society Quarterly*, 2001, pp. 37–68.

⑤ Hill, Charles A., "The Psychology of Rhetorical Images", in *Defining Visual Rhetorics*, Lawrence Erlbaum Associates, 2004, pp. 25–40.

（传播影响）及评价（视觉艺术的评定过程）。^① 由于图像符号无法像语言符号（口头、书面）那样可以直接给事物下定义，而是借助视觉符号的呈现方式使其与意义产生联结。国内有学者进一步辨识，视觉修辞的语义结构由事物呈现与事物指涉两部分组成，事物呈现揭示视觉艺术的物理属性与命名属性，如空间、载体、颜色，事物指涉则体现为一个关于视像的概念、意义、主题和寓言的表现过程。^②

纪录片作为视觉文化的一个组成部分，其功能的实现有赖于受众的接受。而一旦"我们把注意力投向形象的流通过程，那就必然会触及视觉文化的另一个核心概念——表征（representation）"^③。表征，原意为再次呈现。费斯克（J. Fiske, 1992）将其界定为"表述活动（representing）的社会化过程以及这一过程的产物，该术语同时指制造符号以代表其意义的过程与产物"^④。对表征进行充分论述的是斯图尔特·霍尔（S. Hall, 1997），他明确指出："表征将意义和语言同文化相联系"，是"有意义地表述这个世界"，"表征是某一文化的众成员间意义产生和交换过程中的一个必要组成部分"。^⑤ 周宪认为，在视觉文化中，表征是特定语境中的某种"表意实践"，关乎视觉意义的生产方式、传播方式和接受方式等。依据霍尔的看法，表征实际上包含了事物—概念—符号三个要素和两个转换系统，第一个系统是事物与概念的对应关系，是从客观的物到主观的概念的转换；第二个系统是概念与符号的对应，也即从主观的概念再到客观的符号的过程。其间充满了创变与重构，"为植入意识形态和价值观提供了广阔空间"，由此形成复杂的意义场。^⑥ 表征的意义是

① Foss, Sonja K., "Framing the Study of Visual Rhetoric: Toward a Transformation of Rhetorical Theory", in *Defining Visual Rhetorics*, Lawrence Erlbaum Associates, 2004, pp. 303-313.

② 刘涛：《环境传播：话语、修辞与政治》，北京：北京大学出版社2011年版，第217页。

③ 周宪：《当代中国的视觉文化研究》，南京：译林出版社2017年版，第23页。

④ ［美］费斯克：《关键观念——传播与文化研究辞典》，李彬译，北京：新华出版社2004年版，第241页。

⑤ ［英］斯图尔特·霍尔（主编）：《表征——文化表象与意指实践》，北京：商务印书馆2003年版，第15页。

⑥ 周宪：《当代中国的视觉文化研究》，南京：译林出版社2017年版，第24页。

依据"约定俗成之见来共同完成"，唯其如此"才能被接收者、观察者、受众所理解和接受"[1]。相较于修辞，表征涉及的范围更广，表现手法更多样，意义构成更丰富、复杂，对受众的作用方式也更为深入和持久。从视觉修辞走向视觉表征，是从生产层面转向传播与接受，前者关注劝服的方式也即意义的建构，后者聚焦于观念的融入和受众的分享，并由此导向理解、认同与社会动员。

根据上述对文献的梳理，下文将从两个层面展开分析：一是视觉修辞的语义结构及其说服功能，二是视觉表征的意指实践及其动员机制。

三、分析结果

（一）视觉修辞：视觉符号的语义结构及其说服功能

视觉修辞研究视觉符号的语义结构，致力于探讨"视觉艺术的构成质量和特征"，具体围绕"事物呈现"和"事物指涉"展开。以之考察央视生态纪录片，事物呈现涉及图像的组成元素及表现形式，主要围绕摹状、视角和隐喻展开；事物指涉关注其生发语境及艺术拓展，探究意义的建构方式，主要指向剪辑和解说词的后期制作。分述如下：

1. 事物呈现

事物呈现，顾名思义就是图像符号对客观事物的呈现方式。结合纪录片真实性的特征，摹状成为第一个进入视域的分析对象；此外，拍摄角度框定观看的范围，决定事物呈现的方式；而隐喻，可从已知导向未知，其呈现方式导向引申意义而具有认知功能。

摹状，是直接摹写事物声音、色彩和情状的一种修辞方式。[2]在视觉语言中，有研究显示，"视觉皮层上的脑细胞主要对色彩、形式、纵深和位移有反应"[3]。摹状的直观景象作用于观者的视听觉细

---

① ［英］詹姆斯·库兰：《大众媒介与社会》，杨击译，北京：华夏出版社2006年版，第347页。

② 陈望道：《修辞学发凡》，上海：复旦大学出版社2018年版，第76页。

③ ［美］保罗·M.莱斯特：《视觉传播：形象载动信息》，霍文利等译，北京：中国传媒大学出版社2003年版，第53页。

胞,启动其心理模式。镜头下,荒芜的农田,皲裂的土地,寂静的空心村,黄河源头的玛多县正忙于人工增雨⋯⋯

图 1　荒芜的土地

图片来源:《红线》第 5 集《耕地(上)》

图 2　"空心村"——"土楼之乡"福建永定洪坑村

图片来源:《红线》第 5 集《耕地(上)》

《红线》直观展示了严酷的生态现实,让观众直面水、土、大气、生物等自然生态遭受工业化、城市化的严重破坏。其实,摹状不仅摹写事物情状，而且摹写对于事物情状的感觉。换句话说，它不仅直观呈现生态环境的窘迫，而且直接摹写生态恶化带给人身心俱疲的失望感和担忧感。荒芜的农田与耕地荒废相联系，皲裂的土地与严重缺水相联系，借助认知和联想，具体形象与真切的感觉相联结，深度影响意义的生产。正是在这一层面上，摹状成为视觉修辞的主要力量。《第三极》则竭力呈现藏区的自然风貌和藏民的日常生活状态，当人类与自然达成一种令人惊叹的平衡，其引发的心理感受是恬淡、平和的。摹状直接摹写事物的外观、情态，其呈现方式自然、客观、直接，十分契合纪录片的真实性原则，其说服功能具有"言简意赅"的特点。

视角，意味着"物体被摄的角度（angle）通常也能代表某种对题材的看法"，《认识电影》的作者贾内梯如是说，"仰角与俯角所摄下的人物意义自然是相反的"，并推导出"所以形式便是内容，而内容也就是形式"的结论。[①] 可见，拍摄视角并非单纯的技术手法。其具体表现如下。一是镜头语言的多样化。为契合地球生态在地域上的纵横捭阖，央视生态纪录片采用航拍技术、长焦镜头、微型镜头、特写镜头、固定机位长镜头、水下拍摄、延时拍摄、显微拍摄等，通过光影变化及构图形态创造出强烈的视觉冲击，也框定了观众观看的内容。二是在客观视点中融入主观视点。《第三极》中有个故事印象深刻，次旺老人与放生羊次仁相依为命，老人每天带着次仁到大昭寺转经，影片采用"次仁"的视角，以慢镜头的形式展现朝拜的人群、转动的经筒、虔诚的脸庞，一系列的主观镜头传达出丰富的宗教意象和文化内涵。[②]《自然守望者》则大量采用客观视角，观众隐藏在摄像机后面，既是旁观者又时时处于主观凝视之中，以体会片中人物的感受。三是拍摄角度的转换。拍摄藏民磕长头的场景时，镜头逐渐上摇，以仰角呈现广袤、湛蓝的天空，表达对藏民虔

① ［美］路易斯·贾内梯、［瑞典］英格玛·伯格曼：《认识电影》，焦雄屏译，北京：世界图书出版公司 2007 年版，第 12 页。

② 任晓菲、柴焰：《藏地纪录片〈第三极〉和〈极地〉创作方法比较研究》，《百家评论》2018 年第 4 期。

诚信仰的敬意。视角不仅表达出主创人员的创作思想，还框定了观看的角度和范围，对观众的接受产生影响，达成其劝服功能。

图3　放生羊"次仁"

图片来源：《第三极》第1集《生命之伴》

隐喻，乃通过类比不同事物之间的相似之处，借助联系和想象以取得引申意义。图像语言受其表达方式的限制，并无明喻和暗喻。视觉隐喻特别适合于存在争议或者难以穷尽其含义之处，通过事物的外在形式诉诸人的感觉，可体会或者定义事物的概念及价值。对视觉隐喻的研究最早集中于广告之中，广告依赖图片进行劝说。研究者根据广告中的视觉元素是合成的还是并置的，区分视觉隐喻的三种表现方式：一是将不同的物体组成一个混合图像（混合隐喻），二是至少同时出现两个物体（并置隐喻），三是只出现一个物体，另一个物体以某种方式暗含在情境中（替代隐喻）。[①] 纪录片由于受到拍摄对象的限制（不同于广告设计或电影布景），替代隐喻最常见，且常以具象的物体隐喻抽象的观念。诸如，以土楼坍塌隐喻其承载的传统生态观念被遗弃，以倒下的石碑隐喻物种的消亡（《红线》），以盗猎者的猎套隐喻人类对其他物种的伤害（《自然守望者》），以冰雪和食盐的洁白隐喻藏民心灵之洁净（《极地》）。

---

① 薛婷婷、毛浩然：《国外视觉修辞研究二十年：焦点与展望》，《西安外国语大学学报》2017年第3期。

图4　"驮盐队"采盐

图片来源:《极地》第1集

图5　盐对藏民而言是神圣的信仰,是盐湖女神的恩赐

图片来源:《极地》第1集

图6　"驮盐队"最小的成员——小刚吉

图片来源:《极地》第1集

单个镜头之外,替代隐喻还以片段的形式出现。黑叶猴种群和珍稀鸟类大鸨在求偶争斗中"能保住王者地位吗?"(《家园》《美丽克什克腾》),将适者生存的自然法转化为战争隐喻和王权隐喻,贴近观众的认知方式。隐喻不仅是修辞手法,还是思维方式,它具有认知功能,可从已知导向未知,比如片名"红线",从婚姻红线到地域边界标识再到生态警戒线,减少说明的难度。视觉隐喻的作用机制,是从具体概念域向抽象概念域的推进过程中触发受众心中预存的认知框架,以取得引申意义。

2. 事物指涉

纪录片是具体事件与抽象概念的结合,前者将我们置于特定时空的单个镜头和场景,后者则是由这些具体元素组织而成的整体。将单个镜头连接成整体的是剪辑模式(splicing patterns),而对整体做出某种界定的是解说词。剪辑专注于安排视觉符号的语义结构,奠定事物呈现与事物指涉的组合模式,并由此形成某种修辞体裁(rhetorical genres)。解说词则直截了当地界定事物表达意义,乃创作者对纪录片主题进行文学化处理的方式。

关于剪辑模式,苏联纪录电影奠基人维尔托夫(D. Vertov,1896—1954)认为,纪录片是"将现实的片段组合成有意义的震撼"。这种组合,从技术层面考察,主要依靠后期制作中的剪辑,主要有三个层面:一是镜头与镜头的连接,其中,空镜头或蒙太奇的运用具有强烈的主观意识;二是片段与片段的连接,常取平行状态,强化主题,构筑全片;三是影片呈现出的总体特征,形成修辞体裁。

画面剪辑是一种创造性工作,任意两个镜头之间的切换都需要剪辑者精心的设置,比如叙事过程中确保故事的连贯,或插入空镜头表达主观情绪,或采用蒙太奇将非"自然"情形发生的镜头并置起来,比如将缺水与水资源的浪费并置,将耕地空置与粮食需求并置,将对动植物的戕害与该物种的消亡并置(《红线》),以此确定事物的指涉,诚如爱森斯坦所说:"把分解了的事物从我们的角度,重新组合完整。其根据就是我们对待这件事的态度"[1]。生态纪录片围

---

[1] 比尔·尼科尔斯:《纪录片导论》,陈犀禾、刘宇清译,北京:中国电影出版社2016年版,第141页。

绕环境和生物展开，对象庞杂、地域广阔，为确保其风格的统一，片段与片段之间采用相同的结构方式。以《红线》为例，每集片头以30秒的特效揭示环境恶化的现状，紧接着呈现向上斜冲的"红线"镜头，相同的剪辑方式形成全片（8集）统一的风格。

剪辑在将单个镜头连接成整体的过程中，不仅从客观呈现转向主观指涉，还让作品呈现出独特的修辞体裁，也即它们"共享某些特征"且成为反映情景类型的一种社会行为。[①]美国环境传播学者考克斯（R. Cox, 2006）指出："环境资源往往依赖不同的修辞体裁来影响对某个议题或是问题的感知"，比如使用崇高体裁以唤起精神的升华，使用天启叙事警示日趋严重的生态危机，或以环境情景剧重新安排公众的意识以影响人们对环境问题的理解。[②]以此观之，《自然的力量》《第三极》《极地》《家园》《美丽克什克腾》以"崇高"为体裁，它们将镜头对焦自然界，从夜间珊瑚产卵到雄性藏羚羊争夺交配权，崇高既体现为"自然的力量不可测度"，也呈现为"前所未有的美丽中国"，以唤起审美主体的精神升华。天启叙事则警示生态环境的日益恶化，相较于《寂静的春天》（卡逊，1962）以文学的笔触描述杀虫剂给人类生存环境造成的伤害，《红线》以镜头语言直观呈现粗放型的生产、消费方式给中华大地带来的灾难性后果。《自然守望者》上演了一系列的环境情景剧，借助叙事功能述说环境守望者的坚守与希望。

解说词，是为画面而写作。作为电视语言的主要构成要素之一，自然有别于阅读文字。由于图像意义经常处于浮动之中，比如一颗红心，既可表达爱心也可示意爱情，既可彰显慈善也可传递爱国之情。借助解说词锚定画面的内容和意义，将受众的理解引向特定方向。如此，解说词遂成为事物指涉的最直接的表达方式，其作用方式有三：确定画面内容，增加画面信息，深化画面意义。

生态纪录片通过呈现生态危机以寻求解决方式，其终极指向

① 戴炜华、薛雁：《修辞体裁分析和修辞结构论》，《外语教学》2004年第3期。

② ［美］罗伯特·考克斯：《假如自然不沉默：环境传播与公共领域》，纪莉译，北京：北京大学出版社2016年版，第71页。

是对民众生态观的修复与救赎。然而，由于生态纪录片以天地万物为对象，其画面及内容经常超越一般人的认知领域，需要借助解说词确定画面含义。比如次旺老人身边的绵羊，借助解说词说明放生羊是藏民表达信仰的一种方式（《第三极》）；设想一下如果没有解说词的说明，很可能被误认为是一般的绵羊，或者当成家养的宠物。为画面增加信息量也是常见手法，《红线》解说词并不将空心村与某个特定的地点相联系，展示的是某个时期的某种状况，引导观者从工业化、城镇化的层面去寻找生态危机的深层原因。引申、深化图像意义的解说词也许最能体现事物指涉的意蕴，诸如"森林是万千物种的家园，也是地球所有生命的保护神"（《红线》），"山的顶点，水的源头，也是生命的和谐家园"（《第三极》），"他们不希望这一物种在某一天成为地球上的过客"（《生生不息》）。总之，解说词能够提供其他方式无法提供的重要信息，它们奠定事件指涉的底蕴，确定、增加或者深化纪录片影像的意义、主题和意识形态观念。

（二）视觉表征：视觉符号的意指实践及其动员机制

如前所述，相较于视觉修辞聚焦于意义的建构，视觉表征侧重于传播与接受。央视生态纪录片在三个要素和两个系统的转换过程中，以中华文化圈所能理解的方式融入生态保育理念，力图激活或转变公民意识。在这一复杂的意义场中，借助接受美学和文化理论，我们发现：对受众更具感召力和影响力的并非某一具体的镜头或画面，而是视觉图像呈现出的整体意义及其隐含的价值观念，它们具有如下两个特征、两种作用机制：

1. 视觉表征：基于地域广阔性的空间动员

如果说"真实性"是纪录片的基本属性，那么，视域的"广阔性"则是生态纪录片的基本特征。生态纪录片以表征自然为己任，自然环境的展示成为其镜头语言最直观的对象，而自然，何其广阔！"从喜马拉雅的延绵雪峰，到浩瀚的南海之滨；从奇幻莫测的热带雨林，到银装素裹的长白山麓"（《自然的力量》推荐词），众多的能指共同建构出一个所指，中华大地幅员辽阔、物种繁多，镜头下呈现的这片美丽国土，乃中华民族的生存空间。

图7　广袤的高原——大江大河的源头

图片来源:《自然的力量》第1集

　　空间，并非单纯的背景，批判学派认为，"所有的社会总要在地面上生产出一个属于自己的空间"①。空间化不仅提供了政治经济学与地理学的关系，也呈现人与自然的联系，随着镜头语言的展开，自然空间、生产空间、生活空间和心理空间有机联系逐步推进，既记录了少数民族与自然的和谐共处，也还原了粗放型的生产方式给生态空间带来的灾难性后果。观众的心理感受随着视觉景观的变化而变化，其激发的想象及思考不期而至，诚如李普曼所言，"一个人对于并未亲身经历的事件所能产生的唯一情感，就是被他内心对那个事件的想象所激发起来的情感"②。我们知道，民族是想象的共同体，想象的对象不仅包括族人，也包含族人居住的领土及共享的文化，由此形成对共同的生存空间的认同：我们要"调整空间结构，促进生产空间集约高效、生活空间宜居适度、生态空间山清水秀，给自然留下更多修复空间……"（《红线》解说词引用党的十八大报告）。共享的概念图引导意义在生产与传播、建构与接收之间流动，极有利于将视域的广阔性转化为空间动员的可能性。

　　"纪录片作为一种以图像为基础的媒介，它以事实提出某种主

---

　　①［法］列斐伏尔:《空间与政治》，李春译，上海：上海人民出版社2015年版，第95页。

　　②［美］李普曼:《公众舆论》，阎克文、江红译，上海：上海人民出版社2006年版，第10页。

张，通过感动或者说服观众，改变我们对世界的看法，从而拥有干预世界的能力"①。这种能力首先体现为社会动员，"说服""改变""干预"正是社会动员的发展路径。所谓社会动员，意为"一连串旧的社会、经济和心理信条全部受到侵蚀或被放弃，人民转而选择新的社交格局和行为方式"②。社会建构论认为，"一个社会问题并不必然会引发一场社会运动"，而是人们赋以事件意义并解释情境的中介过程导致某一社会状况进入公众讨论的话题。③ 央视生态纪录片借助视觉表征的"意指实践"提出问题、形塑认知、建构集体认同感，其动员方式以国土空间的展示为主导，并从正反（与自然和谐相处或对自然的肆意破坏）两方面展开，动员的愿景是优质的生活空间。与其他社会动员关注动员对象的社会身份不同，央视生态纪录片将身份动员转化为空间动员，其强调的并非相同的国族身份（这已无需赘言），而是我们拥有同一片生存空间，并从对国土空间的认同导向保护这一空间的行为方式。

2. 视觉表征：基于绿色影像的"共意"动员

生态纪录片也称"绿色影像"，是全球背景中的生态危机引发的生态关怀在影视领域留下的印迹。由于生态环境关系到每个人的生存质量，因而更有可能形成"共意性社会运动"。相比于冲突性运动，它具有如下几个特点：一是享有最广泛的态度上的支持（约占总人口的80%到90%），且事先获得制度的安排和媒体的支持，"没有或很少遭到有组织的反对"；④ 二是没有改变现存劳动关系和财产关系，而是"力图引起知觉上的或意识上的巨大变化"，其诉求具有

① 比尔·尼科尔斯：《纪录片导论》，陈犀禾、刘宇清译，北京：中国电影出版社2016年版，第37页。

②［美］塞缪尔·亨廷顿：《变化社会中的政治秩序》，王冠华译，上海：上海三联书店1989年版，第31页。

③［荷兰］贝尔特·克兰德尔曼斯：《抗议的社会建构和多组织场域》，［美］莫里斯、缪勒主编：《社会运动理论的前沿领域》，刘能译，北京：北京大学出版社2002年版，第90页。

④［美］迈克尔·史华兹、苏瓦·保罗：《资源动员与成员动员：为什么共意性运动不能充当社会变迁的工具》，［美］莫里斯、缪勒主编：《社会运动理论的前沿领域》，刘能译，北京：北京大学出版社2002年版，第231页。

公益性和道德性的特点；三是"并不把招收正式成员看成很重要的事情"。①

央视生态纪录片的共意动员，不仅具有"非冲突性"特征，还意味着寻求"共同的意愿"，具体表征为：一是划定一系列的生态底线，诸如"解决13亿人吃饭的问题要坚持立足于国内""森林面积不少于37.44亿亩"等；二是界定范围和边界，也即我们的国土空间；三是锚定生态保育的愿景，那就是人与自然和谐共处可持续发展。

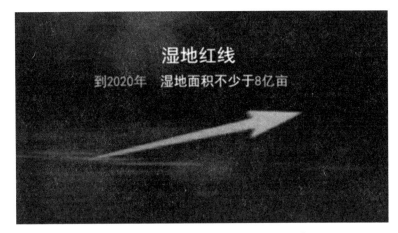

图8　湿地红线：到2020年不少于8亿亩

图片来源：《红线》第7集《湿地》

绿色影像以视听的形式"有意义地表述这个世界"，其动员对象（客体）为国土空间中的全体国民，动员方式立足于命题可视化，动员内容包含公共利益和公共知识，动员效果聚焦于公民意识的转变而非成员的招徕。

在纪录片中融入社会动员的传统由来已久。纪录片奠基人格里尔逊（Grierson，1979）坚持将纪录片与社会目标、公众决策结合在

① ［美］麦卡锡、沃尔夫森：《共意性运动、冲突性运动及其对基础设施的占用》，［美］莫里斯、缪勒主编：《社会运动理论的前沿领域》，刘能译，北京：北京大学出版社2002年版，第338页。

一起，"艺术概念的另外一半是它的社会性和公共性"①。社会性和公共性必须经由动员及认同来达成。央视生态纪录片在视觉表征的建构过程中，形成其社会动员的两个作用机制，机制意指在各种不同的环境中以相同或颇为相似的方式，使一系列特定要素之间的关系得以改变的具体运作方式，由此可见，它们具备在生态纪录片中重复使用并实现其社会动员的目的。

四、研究结论

依据前文的研究问题，现总结如下：

视觉修辞从央视生态纪录片视像生产的角度切入，研究视觉成分之间的选择与配置，也即形式上的变化与关系，具体区分为事物呈现和事物指涉，前者体现为摹状、视角和隐喻，后者指向剪辑和解说词，它们共同建构意义，实现图像符号的说服功能。

视觉表征关注事物与概念、概念与符号的一系列转化，其间嵌入的意识、思想和观念作用于受众的接收及理解，目的是获得认同。如果说视觉修辞（诚如文学修辞）只能偶尔为之，那么，关乎视觉意义的生产方式、传播方式和接受方式的视觉表征，其广度和深度无疑远胜于前者。正是在对视觉表征建构方式的分析和解构的过程中，发现建立在生态纪录片两个基本特征（视域广阔性和绿色影像）之上的空间动员和共意动员，具备从表征方式提炼为动员机制的可能性。所谓机制，是经过实践检验证明有效的、较为固定的方法，因其具有稳定性和可重复性，可望为后续同类作品的建构提供参考意见和具体的运作方式，由此拓展本文的研究价值。

值得注意的是，前述纪录片尽管均聚焦于生态领域，然而，无论是表现手法还是风格特征，其差异性明显可见，有的侧重意识形态的操作（如《红线》），有的追求故事性（如《自然守望者》），有的则近乎风景大片（如《第三极》《极地》），它们在劝服功能及社会动员方面的差异，尚有待进一步研究。

① [英]布莱恩·温斯顿：《纪录片：历史与理论》，王迟等译，北京：中国广播影视出版社2015年版，第23页。

新媒体与媒介文化

■ 李红艳 ①

"嵌入者与终结者":乡村文化实践中的新媒体

——基于北京郊区 Y 村的调研 ②

(中国农业大学人文与发展学院 北京 100083)

【摘 要】本文以一个北京京郊村庄的文化实践为案例进行分析,通过对作为熟人社会的村庄里,新媒体在乡村文化实践过程中角色的分析,指出新媒体在乡村文化秩序的实践中,分别扮演了隐性的在场、嵌入者和终结者的作用。而乡村文化实践是乡村秩序构建的潜在基础。乡村文化实践过程中,乡村新的潜在秩序也在悄然建立。最后,本文对外来文化对于乡村内部文化的影响力进行了探讨。

【关键词】乡村文化实践;新媒体;旁观者;在场;终端者

(一)研究问题

杨某,59岁,是北京郊区某村里的妇女主任、文化组织员和村

① 李红艳,中国农业大学人文与发展学院媒体传播系系主任、教授、博士生导师。主要研究兴趣与研究领域:传播学领域,传播与社会关系研究,农民工与媒介关系,媒介文化研究,政治传播,社会保障领域,农民工社会保障,公共政策。

② 基金项目:国家社科基金"乡村振兴视角下新媒体与乡村治理关系研究"(18BXW077)。

里的支委。她所在的 Y 村，距离镇里有 10 公里左右，从镇里到村里，都是柏油路，乡间小路在田野里横穿。Y 村户籍人口有 600 多人，处于北京近郊，"随时"处于拆迁状态，所以村民们娶媳妇了或者嫁人了，也不会把户口迁走，维持着等待拆迁的状态。即便生了孩子，也依旧在村里办户口，因此，村里的户籍人口很稳定。杨某笑着说："我们村虽然小，在镇里区里的文化活动比赛中总是前三名。因为我们人数少，得不到第一名。"该村村委会门口有一个 46 寸液晶显示屏，放置在村委会门口的墙上，在村委会办公室的监控里，可以看到经过村委会的行人和车辆。村委会的大门依旧是富有年代感地矗立着，穿过村委会的拱形长廊，进入村委会，这是一个典型的四合院，左边是会议室，右边是图书室，从左边的会议室开始沿着环形的长廊，分别是村委会的办公室和村里的文化活动中心。村委会的院子有 60 平米的样子，天气晴朗的时候，这里就是村民举行各种文化活动的场所。杨某是村里的妇女主任兼文化组织员，她担任这两个职务主要是因为喜欢文化活动，喜欢热闹，爱张罗。类似杨某这种情况的妇女主任兼文化组织员的村落，在北京近郊有很多，她们集中在 50—65 岁之间，承担着乡村文化活动的组织者、宣传者和策划者的工作。乡村文化的生产与维护、实践与创造一定程度依赖于这样一个特殊的群体。

就乡村社会的属性而言，费孝通先生曾将中国乡村社会定义为熟人社会。[①]熟人社会的行动逻辑在于：从农村抽取资源、使得人际关系货币化外，还改变了村庄本身的预期。[②]贺雪峰提出的半熟人社会，是与自然村相对而言的一个概念，自然村的村民拥有村落共同的生活空间，行政村虽然拥有系统的行政空间，但或许并不一定拥有共同的生活空间，这类行政村可以称之为半熟人社会。[③]"随着乡村大量青壮年劳动力长年在外务工生活，导致农村生活的主体长

① 费孝通：《乡土中国　生育制度》，北京：北京大学出版社1998年版，第51页。

② 贺雪峰：《熟人社会的行动逻辑》，《华中师范大学学报（人文社科版）》2004年第 1 期，第 7 页。

③ 贺雪峰：《论半熟人社会——理解村委会选举的一个视角》，《政治学研究》2000 年第 3 期，第 61—69 页。

期缺场，乡村社会异化为'无主体熟人社会'."[①] 亦有学者提出"双主体半熟人社会"[②] "移动主体熟人社会"[③] "弱主体熟人社会"[④] 等，这些基于熟人社会基础之上之于乡村社会特征的模式，基本是针对于不同村落类型的。应该说，这几类乡村类型在中国当下乡村社会中并存，有的村落几种关系并存，有的村落里是一种关系占主导地位。本文所研究的村落，尽管是在北京郊区，同时也是一个熟人社会，村落的户籍人口自 1949 年以来变化不大，婚丧嫁娶也没有促使村落的人口有较大的起伏，家庭与家庭之间的关联性依然存在，尽管村民居住的空间有了一定的调整和改变，但熟人社会的特征十分明显。那么，是否是无主体的熟人社会的村落呢？也不尽然，该村落基于其特殊的地理位置，外出务工者通常下班回到村落里，但是进入村落的外来者，大约只有不到 10 人，也是居住在村落里，白天外出务工，晚上返回村里居住，基本还处于有主体熟人社会中。因此，该村落作为一个研究案例，有一定的代表性。

就乡村的文化制度而言，有学者借助费孝通先生的差序格局概念，指出"差序格局的维系有赖于尊卑上下等级差异的不断再生产，而这种再生产是通过伦理规范、资源配置、奖惩机制以及社会流动等社会文化制度实现的"[⑤]，因此，乡村文化在其中扮演着维系传统乡村社会秩序的功能。也有学者用有无地方性知识来对乡村社会进行界定，"地方性知识……所形塑的农民的行为逻辑，则是人情取向的乡土逻辑"。[⑥] 地方性知识，是一个弹性的概念，也是一个动态的

① 吴重庆：《从熟人社会到"无主体熟人社会"》，《党政干部参考》2011 年第 2 期，第 25-26 页。

② 陈绍军、任毅、卢义桦：《"双主体半熟人社会"：水库移民外迁社区的重构》，《西北农林科技大学学报：社会科学版》2018 年第 4 期，第 95-102 页。

③ 高莉莎：《"移动主体熟人社会"：基于少数民族农民工手机微信使用的研究》，《新闻大学》2018 年第 2 期，第 41-50+155 页。

④ 苟天来、左停：《从熟人社会到弱熟人社会——来自皖西山区村落人际交往关系的社会网络》，《社会》2009 年第 1 期，第 142-161 页。

⑤ 阎云翔：《差序格局与中国文化的等级观》，《社会学研究》2006 年第 4 期，第 201-213 页。

⑥ 陈柏峰：《"熟人社会"变迁研究——从乡村社会变迁反观熟人社会的性质》，《江海学刊》2014 年第 4 期，第 99-102 页。

概念。随着地方性知识的更替，村落的价值观遭遇到了挑战。"乡村文化构成乡村秩序的基础，乡村文化的瓦解使乡村秩序失去了基础，没有基础的秩序总是难以稳定的。同时，不对乡村文化未来的演变方向进行分析，也就忽略了乡村秩序的基础。"[①] 从乡村文化实践活动的角度关注乡村社会，可以给认知乡村秩序提供一个视角，而这个视角同时也为从形而上视角理论乡村文化提供反思与新的路径。

本研究所选择的 Y 村，既是一个行政村，也是一个自然村，这种双重身份在该村庄是重合的。当这种典型的熟人社会遭遇到新媒体和村民流动的情形时，在村落文化活动的实践上会有怎样的实践形式呢？换言之，在新媒体时代，作为乡村秩序基础的乡村文化活动实践如何进行？其如何影响了乡村的秩序？新媒体在其中又扮演了什么角色呢？本文的新媒体是指以互联网为信息来源、以移动传播终端为技术中介的媒介形式，特别指微信和短视频。

（二）文献回顾

乡村社会秩序的产生主要有两种逻辑：一是自上而下的国家逻辑，二是产生并维持乡土场域的自下而上的民间逻辑，前者代表国家在场，后者借助民间熟人社会的历史传统以及人际网络建构秩序而形成，这两种秩序之间会有良性互动，但是碰撞也时有发生。[②] 而"法治"与"礼治"结合则是乡村社会秩序的未来趋势。[③] 亦有研究认为，乡村社会秩序是以内生性秩序为主，但行政嵌入型秩序对其乡村审核秩序的干预影响很大，这种干预过程导致乡村内生性从城乡流动对于乡村社会的影响而言，从乡土中国到离土中国，乡土社会原有的土地资源的自治力量被压制、被遮蔽的现

---

① 扈海鹂：《变化社会中的乡村秩序与乡村文化》，《唯实》2008 年第 12 期，第 50-55 页。

② 李斌、黄改：《秩序与宣泄：乡村社区治理中的互动逻辑》，《理论学刊》2019 年第 5 期，第 130-140 页。

③ 凌唯钊、陆倩倩：《新中国成立 70 年乡村社会秩序的演变和趋势》，《农业经济》2002 年第 6 期，第 42-43 页。

实①，以及以血缘关系为经济根基的均衡状况遭到了挑战。乡村经济的边缘化，决定了乡村文化的边缘化。随着乡村意义的坍塌，在政府、市场和传统三种力量的博弈下，乡村文化摆脱了原有的文化复制形态，进入乡村文化再生产的机制中。②乡村文化再生产的秩序，在传统社会向现代社会的转型中，处在不断挤压下动态的重构中。现代公共文化服务体系建设与优秀传统文化传承发展两大国家战略，无疑是介入乡村文化"再生产"秩序的重要"他组织"力量。③孙庆忠用"形散"而"神聚"来形容乡村文化的当下处境。④

乡村文化实践的尝试既是外援力量的推动，也是文化自觉的表现，亦是当下生存需要的地方力量行动使然。它在多重力量的相互作用中，不断地选择调适自身的实践逻辑，表现出既非完全的"自治"，也非完全的"他治"。⑤越来越多的乡土青年转化为务工青年，农村文化面临着持有者老龄化和文化断层，农村文化日益式微，离散型、分散性、无根化成为农村文化的发展趋势。⑥基层的文化组织员，使得乡村文化的生产与再生产呈现出行政性、自组织性和重新秩序化特征。⑦

新媒体对于乡村文化的影响成为学术界关注的新话题。单向度的农村文化传播，由于过于注重信息的传达和以改造农村文化为目

① 尹广文:《"新乡土中国"社会团结的秩序基础——兼论新中国成立70年来乡村社会秩序建构》,《西北农林科技大学学报: 社会科学版》2019年第6期, 第19-30页。

② 李佳:《乡土社会变局与乡村文化再生产》,《中国农村观察》2012年第4期, 第70-75页。

③ 闫小斌、范红、闫毅:《乡村文化再生产的秩序重构》,《图书馆论坛》2020年第1期, 第1-7页。

④ 孙庆忠:《离土中国与乡村文化的处境》,《江海学刊》2009年第4期, 第137-142+240页。

⑤ 余珍、冯钰伟:《生计方式的变化与变动中的乡村秩序——以柏林弯社区文化实践为例》,《广西民族研究》2018年第1期, 第120-127页。

⑥ 王蓉:《社会流动中的文化分化与观念断层——乡村青年群体的比较视角》,《中国青年研究》2012年第7期, 第86-90页。

⑦ 李红艳:《当代乡村文化生产的实践特征及其理论价值》,《人民论坛·学术前沿》2018年第13期, 第60-69页。

标，往往忽视了文化传播代理人的能动性，也忽视了农民的文化认同和积极参与。① 乡村在大众媒介时代始终是以被改造的形象出现的，农民利益表达渠道的阻塞在于乡村传播体系的结构失衡。② 大众媒介塑造的主流文化改变着乡村的社会结构，对农民的思维范式、交往行为等产生了影响。③ 因此，大众媒体介入可以重新形塑行动者的认知，改变村民的预期，④ 大众媒介也应担当起弱势群体与政府之间的沟通与对话的平台，为弱势群体的利益诉求和话语表达提供渠道和空间。⑤

新媒介出现之后，媒介的乡村叙述出现了多元化的场景，乡村衰落论是新媒体乡村叙事中的极端化表现。⑥ 就短视频这一新的乡村呈现平台而言，乡村文化作为一种与主流对照的亚文化最终无法逃脱被收编的命运，或被都市话语作为娱乐对象进行选择性呈现与建构，又或被商业话语消解。⑦ 但是，与此同时，乡村民众在其中由乡村叙事中的"他者"转变为自我言说的"主体"。⑧ 短视频中呈现出的符号集合以短视频的方式在互联网中汇聚，形成乡村群体的亚文化进行寄情表达、认同获得，并对主流文化做出消解对抗的尝试。⑨

① 陈楚洁、袁梦倩：《文化传播与农村文化治理：问题与路径——基于江苏省J市农村文化建设的实证分析》，《中国农村观察》2011年第3期，第87-96页。

② 乔同舟：《乡村社会冲突中的利益表达与信息传播研究——兼论大众传媒的角色与作用》，《新闻与传播评论》2010年第1期，第91-100页。

③ 邱新有、罗杏：《从传播的仪式观看乡村文化的嬗变》，《江西师范大学学报（哲学社会科学版）》2013年第6期，第38-41页。

④ 易前良、林雯：《乡村集体行动中的信息传播研究——以小陶村"新河"污染事件为例》，《国际新闻界》2012年第7期，第8-13页。

⑤ 郑素侠：《传媒在弱势群体利益表达中的角色与责任——基于中层组织理论的视角》，《新闻爱好者》2012年第24期，第6-8页。

⑥ 田玉军：《新媒体的乡村叙事与乡村图景》，《新闻爱好者》2017年第8期，第61-64页。

⑦ 刘娜：《重塑与角力：网络短视频中的乡村文化研究——以快手APP为例》，《湖北大学学报（哲学社会科学版）》2018年第11期，第167-174页。

⑧ 沙垚、张思宇：《公共性视角下的媒介与乡村文化生活》，《新闻与写作》2019年第9期，第21-25页。

⑨ 栾轶玫、苏悦：《"热呈现"与"冷遮蔽"——短视频中的中国新时代"三农"形象》，《编辑之友》2019年第10期，第38-48页。

现有研究集中在乡村社会转型中乡村文化的处境上。关于新媒体的研究，则集中于乡村文化在媒体中的视觉化展示上，对新媒体在乡村的文化实践中，对乡村秩序产生了怎样的影响这一视角的研究相对缺乏。本文从北京郊区村落文化活动的组织视角，通过对乡村文化活动实践的描述与解释，分析乡村文化活动在新媒体时代如何影响着正在变动中的乡村秩序。

（三）研究资料与研究方法

本文的研究资料主要来自实地调查。实地调查的时间为2019年6—9月之间。调查的地点为北京郊区的Y村，获取资料的研究方法为参与式观察、焦点小组法。其中，访谈者为8人，村落的村书记兼主任（1人）、村第一书记（1人）、村委会副主任（1人）、妇女主任兼文化组织员（1人）、村民代表（4人）。访谈采用面对面的方式、现场录音笔录音的形式进行记录，采访时间为2019年6—9月。参与式观察主要是2019年8月10—12日进行的，调研小组在村落里进行了实地考察，走访了村民4人。除此之外，还考察了村里的文化活动场所，在村委会实施焦点小组1次，时间为2019年8月10日，地点为村委会的会议室，参加者有村书记兼主任、村第一书记、村副主任、图书管理员、村民代表等，持续时间为3个小时。

本文选取的Y村，在乡村文化生产和实践上具有较强的代表性。首先，Y村的文化活动形式多样化，村落不大，但是该村落在区里和镇里获得文化活动的奖项很多，对该村进行文化实践的考察而获得的结论，有一定的预测性和前瞻性；其次，Y村的地理位置有特殊性，交通便利、人口流动性较大，虽然村落拆迁，但是村居都是在原来村落的基础上重新修建的，村民的稳定性较强，外出务工者也在不断地将村落之外的信息引入村庄中，这种形态基本保留了熟人社会的基本特征，对其进行研究，有较强的普遍性和典型性，可以较好地考察处在城乡之间乡村变迁的轨迹；最后，该村落村民年长者留守占三分之一，新媒体在乡村文化实践中扮演的角色，与当下乡村社会中常住人口的特征基本吻合，也就有较强的可行性。

本文将从乡村文化实践的秩序构建中，新媒介作为隐性在场者、嵌入者以及终结者的三个方面进行论述。

(四)乡村文化实践的秩序初现：作为隐性在场者的新媒体

作为乡村秩序的根基之一，乡村文化秩序源自何处呢？维持一个乡村的文化秩序，不能仅仅依靠观念，也不能依靠文字的规定，还必须赋予它一种合理性的仪式（rite）。① 仪式不仅是维持乡村社会秩序的必要条件，也是传统社会中国家获得合法性的来源。"在儒者看来，仪式不仅是仪式，而且是一种暗示，衣服不仅是衣服，而是一种象征，这种仪式和象征，在社会是对秩序的确认，在个人是对嗜欲的制约。"② 乡村生活的根基便是延续了这种仪式而自然而然外化为行为方式。正如费孝通先生所说，"乡土社会是靠经验的，他们不必计划，因为时间过程中，自然替他们选择出一个足以依赖的传统的生活方案，个人依着欲望去活动就得了"③。这种欲望，不是生理欲望，而是对于生理欲望的节制和调整，是在习惯中形成了自然风俗的文化思维。这种文化思维与以传统习俗为根基而形成的文化仪式密切关联，也与村落的传统秩序不可分割。

Y 村的文化活动是随着乡村四季的更替和节假日的秩序来设置的，村委会有自己的规划和安排，但是这些规划和安排，部分是依照行政工作的规定时间来设置的，与村民个人、家庭生活、工作安排之间出现了冲突的时候，如何处理呢？这种冲突，本身是对熟人社会关系的一种挑战。面对这种情况，以熟人社会为根基的乡村文化活动如何组织呢？

Y 村的文化活动一部分是镇里制定的任务，一部分是由村委会的妇女主任兼文化组织员组织起来的。一年 12 个月里，每个月都有文化活动，文化活动点通常在村里的文化厅，文化厅在村委会大院里，文化活动的主要形式是合唱、跳舞和秧歌。节假日还有运动会、诗歌比赛等文化活动。

---

① 葛兆光：《古代中国文化要义》，上海：复旦大学出版社 2012 年版，第 42-43 页。

② 葛兆光：《古代中国文化要义》，上海：复旦大学出版社 2012 年版，第 45 页。

③ 费孝通：《乡土中国　生育制度》，北京：北京大学出版社 1998 年版，第 86 页。

"每个月都有舞蹈比赛，参加的人都是村里的，要比赛，每天晚上都得练舞。"（Y）

"镇里有指定的文化活动，每个村都要参加，全镇比赛。有指定的经费。我们是个小村，但是文化活动还总得奖。"（村书记兼主任A）

Y村600多人，外出务工者300人。但是外出者选择打工的地点距离村庄不太远，晚上就会回到村里。概括来说，这个村里的人，还处在熟人社会的关系状态中。但，并不意味着村民很主动地参加各种文化活动。文化组织者也不能直接去串门，现在的村民隐私观念很强。

"大家都认识，有兴趣参加的人并不多。村里的人也很注意保护隐私，不像之前，可以随便去谁家，特别是年轻人。"（村第一书记B）

"现在二胎放开了。都要二胎，白天年轻人都上班，晚上年轻人都在家看孩子，活动是自由参加的，也不能硬性要求参加。"（Y）

对于文化组织员而言，组织一个文化活动十分不容易。时间上看，白天村民要忙，晚上务工的村民回来了，要照顾家里。空间上，因为乡村村民工作地点的多样化，也无法在中午休息时间进行组织。即便村民在家，也不能直接上门。在时间和空间被割裂的情形下，在村民观念不断改变的情形下，如何使得村民可以更大多数地以各种方式参与呢？

首先，Y村保留着村里的大喇叭，大喇叭在村委会大院门口，有文化活动的话，先在大喇叭里通知一下，其次，再在村里组建的不同微信群里给全体村民发通知。

"村里大喇叭更换了几次，现在的质量很好，还带着音响，声音很大，隔壁村都能听见。"（村第一书记B）

"我们每个月有例会，布置文化活动，通过文化组织员微信群通知我们，村里有各种群，舞蹈群、唱歌群等，因为跳舞的人多，除了大喇叭，微信群里发通知，通知不到的，就没办法了。"（Y）

因为Y村还没有拆迁，基本保留了原有农耕社会的居住空间，合唱队、秧歌和舞蹈是村里比较大的文化活动形式，这三支队伍的人数也最多。参加秧歌队年纪最大的有 75 岁，舞蹈队集中在 50—65 岁之间，合唱队参加的人和前两个队伍有交叉，年轻人更多一些，因此合唱队的所有活动都在晚上或者周末、节假日进行。参加这几个大型文化活动的，都需要签到，签到的表格分别以 EXCEL 的形式保存在村委会的电脑里。此外，在村委会的文件里，还看到了文化室的规章制度。比如制度规定："文化室由本村文化组织员负责日常管理，其职责主要为按规定时间开关门，保持室内清洁卫生，维护维修设备。文化室的开放时间为：每个工作日的 9:00—11:30，14:30—18:00，19:00—21:00；节假日全天开放。活动人员必须遵守开放时间，不得随意要求提前或延长。"显然，乡村文化室的开放时间是按照村民可以参与文化活动的时间和村落里工作时间弹性化的村民以及不再工作的村民的时间来设置，但现实情况是，节假日成为村民们在文化室的主要活动时间。

基于上述时间的限制性，新媒体，尤其是微信群、短视频等成为村民参与文化活动的主要形式之一。因此，除了大喇叭之外，在全村微信群里发了通知后，虽然很多村民不能参加，但是晚上出来观看的村民有不少，带着孩子的人，可以一边观看，一边聊天，也可以一边评论拍照，也可以下场参加。熟人社会的力量在这种现场的活动中，展现了出来。

"来看的村民很多，一般吃完饭没啥事就去。"（村副主任 C）

换言之，在由镇里布置、村里自行组织的文化活动实践中，微信扮演了"隐性中介"的功能，Y 村几乎人人都用微信，文化活动的各种微信群村民们并不觉得信息繁多。"都是熟人，就像在面对面说话、聊天，还不用总出门。像一些文化活动吧，带着孩子去放松，挺好的。孩子可以找小伙伴玩，我也可以跳舞唱歌，乐呵乐呵。"（村民 B）

作为新媒体形式的微信，在乡村文化活动的组织与信息通知中，与大喇叭一起组合，成为新的媒介形式。无法参加文化活动的村民们，可以通过网络"观看"熟人世界中的活动，身体在家，心却延伸到文化活动中，"隐性"的新媒体，悄然登场，前台的文化活动如火如荼，人们似乎在隔着年代行走着；后台的文化活动，却是静悄悄地，在村民们的家中，展开了另一种形式。因为"人性本身是一个'文化'所包含的'整个生活方式'的产物"[①]。

（五）乡村文化实践的秩序中端：作为"嵌入者"的新媒体

每个人进入社会的时候，通常都会带着习惯和感知。这些习惯和感知，源自他所在的社会传统。"正因为人生下来并不是一个完全适合集体生活的动物，所以我们的集体生活不能全由本能来完成，而求之于习惯。"[②]习惯在乡村社会中，是由传统在日常生活中的积淀完成的。因此，在Y村，看起来十分"现代的"的文化形式和文化秩序，也是以习惯为前提的。

如前所述，Y村的文化活动，除了跳舞、唱歌、秧歌等之外，还有诗歌朗诵比赛（比如"七·一"的红歌比赛）、武术比赛、假期里组织的学生读书比赛、春节里的运动会、春晚等，加上婚丧嫁娶等民俗文化形式，这些文化实践活动综合起来，逐渐开始形成一个村落里的文化实践秩序。[③]这种文化实践秩序，是一层层在文化活动的行为中形成的。

首先，从村里的图书室说起。Y村的图书室就在村委会大院里，图书室里面有一个电脑，第一书记B介绍说，这些图书都已被编码，输入电脑，村民借阅的时候可以通过电脑进行登记，可以省去了书写的麻烦，也可以保证图书的延续。但是爱来图书馆读书的村民并不多，图书室多数情况下处于闲置状态。Y，是村里的妇女主任兼文化组织员，她说：

"现在就这个社会趋势，谁还能静下心看书？读书就体现一个

---

① 雷蒙·威廉斯：《文化与社会：1780—1950》，高晓玲译，长春：吉林出版社2011年版，第40页。

② 费孝通：《乡土中国　生育制度》，北京：北京大学出版社1998年版，第190页。

③ 这里所说的文化实践秩序，意味着两层含义：首先，乡村文化的秩序，是通过诸多文化活动的日已累积而形成的；其次，这里的秩序是以实践为中心形成的。实践与秩序之间的勾连是缓慢形成的，是动态的，不是概念化和抽象化的。

国家的气质。外国都地铁上抱本书，咱们都一人拿个手机。外国规定多少米有个图书室，咱们哪有？现在都抱个手机，老人们都是这样，别说年轻人了。村村有图书室。谁去呀？我倒闲得没事去翻翻。图书主要是镇里购买，再送到村里的图书室。"（Y）

调研时正逢暑假，村委会组织了暑假在家学生作文比赛。参加比赛的学生作文，被打印出来，放在图书室，供外来者评阅。图书室里的书以文学、历史为主，还有少部分与农业技术相关的书籍。这些文学历史类的书籍，主要是教育部要求的学生必读课外书目。图书室的管理员也是文化组织员 Y 来兼任。

"假期里来的学生不少"，Y 打开图书室的电脑，借阅记录十分清晰地呈现在眼前，村里为了鼓励学生们在假期里读书，除了作文比赛，还组织了诗歌朗诵比赛。暑假在村里的学生们几乎都参加了。

其次，特殊节日活动——比如"七·一"红歌比赛、"一二·九"歌曲比赛、武术比赛、春晚以及春节运动会——这些都是村里十分隆重的文化实践活动。春晚由村委会组织，村民自愿参加。主要形式有大秧歌、跳舞、旱船、小车会等，每年在村委会的大院里举行；正月十五各个村集中在镇里参加元宵节庆祝活动，社火表演依然比较流行。正月十五的活动则是由镇政府来组织，经费也由镇政府资助。村里的运动会则是由村民自发组织，以娱乐为目的，形式不限，重在参与。除此之外，Y 村像其他京郊村落一样，也有露天电影院，就在村委会大院里面，每个月根据镇里发放的光盘放映电影。一般来说，镇里每个月给村里 10 部电影，村委会挑选电影播放给村民看。

今年疫情期间，2020 年 3 月 8 日，A 村还是举行了文化活动。A 村文化组织员的报道写道："A 村举办'弘扬文明新风、传播家庭美德，与美丽为伴、携幸福同行'与民同乐庆祝三八节活动。此次活动流程安排有序，分别有独唱、二重唱、合唱、谜语竞猜、亲子互动。活动在村妇代会主任和村干部热情洋溢的祝福中拉开帷幕。整场活动以文化为底蕴，集文艺、竞猜、亲子互动献爱心相结合，充分体现了和谐家庭、健康生活、文明村风的新时代精神风尚，在欢乐祥和的氛围中活动圆满结束。"

再次，就是民俗文化活动，比如婚丧嫁娶等。

"现在搞移风易俗，简化了，就是亲朋好友一个仪式，越来越简单了。娶媳妇在村里是三天，流水席、搭个棚，图热闹，人越多越好，就在村委会院子里办，一桌十多个人，鸡鸭鱼什么的，都有，原来结婚有戏班子，现在几乎没有了。上饭店的话，就一天，一顿。嫁出去的都不迁户口。"（村民C）

这些活动，与非新媒体时代相比较，差别就凸显出来了。如上所述，便是一个村落文化活动的全貌，在这些文化活动的实践中，乡村文化秩序逐渐显露出来了，在这种秩序的核心处，新媒体处于什么位置呢？笔者认为，用"旁观者"这个概念，或许比较恰当。

首先，就宏观而言，互联网在乡村的普及在过去的五年内已经成为一个活生生的现实，村里年长者80多岁的老人，也有智能手机。依靠手机，与"离身"的人们之间的交流，逐渐脱离了面对面的形式，村里的文化活动，老人们更喜欢参与。互联网改变了乡村文化活动的实践过程，由此也重构了乡村文化生活的秩序。在一些文化活动中，比如图书室的活动、民俗活动，村民们通常不会使用网络的手段。

换言之，新媒体在乡村文化生活的传播中，是以旁观者的身份维持着乡村社会的熟人关系的，微信群里的"熟人们"往往喜欢用语音进行交流和分享。熟人社会的关系尽管在新媒体时代遭遇到了一些挑战，这些挑战在人人都有智能手机的现实中，被消弭了。但对于微信群的村庄外来者，通常处于严格的警惕状态。Y村有外来务工人员，始终没有被纳入村里的微信群里。调研者曾经问是否可以加入村里的文化活动微信群，被委婉地拒绝了。

除了微信群在乡村内部熟人社会的传播之外，另一个方式则是短视频内外的村民们。短视频是村民发布文化活动的首要平台。但是他们拍摄的短视频，主要不是为了发在微信群和朋友圈，各个村里没有微信公众号，只有镇里有。抖音、西瓜视频年长者几乎不用，年轻人会经常使用。火山视频有村民会买衣服，但是觉得不便宜。全民K歌只是为了听熟悉的村民唱歌。

其次，无论是在村里的微信群还是短视频，熟人始终是新媒体实践的一个前提。换言之，作为"旁观者"，它们维护着新的文化秩序，也以这种文化秩序的守卫者而不断调整着乡村的日常生活秩序，从村落里延续的习惯到当下村落的文化活动与文化实践，以熟人社会为主要特征的村民群体，基于外出务工和乡村农业职业多样化的现实，时间和空间的排列中，依靠微信群、短视频的嵌入，乡村文化实践秩序得以生产并得到了维护，这里的嵌入，有两层含义：一是作为微信和短视频的新媒体形式是以乡村文化秩序的一个分子潜藏在乡村文化实践中的；二是嵌入在乡村文化实践中的新媒体形式，与熟人社会的属性是相互嵌套的。

（六）乡村文化实践秩序凸显：作为"终结者"的新媒体

对一个村落而言，随着这些看起来"不起眼"的文化活动，一个不是很清晰但体系完备的村落文化活动通过规定和非规定的动作、传统与现代的对接等形式，村落的乡村文化实践体系凸显出来了。随着村落乡村文化实践体系的建立和运行，村落文化实践的秩序也随之建立了。

Y 村，人人家里都有电脑，这是一个以熟人社会为基础的村落，但同时又被新媒体"无孔不入"地渗透着。文化活动的主要规划者是代表政府的区、镇和村委会，文化活动的主要参与者都是本村的村民，乡土与国家在村落文化秩序的关系协调中，不是单一的自上而下，也不是纯粹的自下而上，而是在相互勾连中不断调适这种关系，乡村文化秩序便是这种调适过程中的一个中介因素。

新媒体，尤其是微信和短视频，从村民的文化实践中的隐性状态、从文化治理的缺席状态，渐渐走向了乡村文化实践的秩序中心。在这种逐渐凸显的乡村文化实践秩序里，新媒体，不再是隐性在场者、也不再是"旁观者"，而成为了文化秩序的主体。这个主体一开始是以日常化的形式出现的，最终却以"嵌入者"和"主宰者"的形式呈现出来。2019 年年底突如其来的疫情对于乡村的文化实践而言，是一种短暂的停滞。但是村民们并没有由此改变生活习惯，短视频和村里的微信群成为他们获得乡村文化实践的网上场所。

首先，这种"主宰者"的身份意味着乡村秩序中断的凸显。乡村社会的转型与裂变是一个渐进的过程，Y村依然处在熟人社会关系中，但村民的流动出现了代际迁移的现象。与其他村落的不同在于，该村落由于地理位置的优越性，"时刻"处在城镇化的序列中，外出务工的村民仅仅需要到附近打工即可，唾手可得的城镇化使得村落里的熟人关系变得有些不同。而新媒体在文化实践活动中扮演的角色又使得这种熟人关系在虚拟主体在场中获得了再度分异。再度分异意味着村里的青年人，尽管会在新媒体中获得"相遇"和"参与"的机会，但是这种机会，并非以纯粹熟人社会的交往为特征，而是以一种"避而不见"的方式。这种方式也导致代际更替中的青年人，对于村落的眷恋感日益减弱，进入陌生化城镇中的交往技巧日益纯熟。

其次，在虚拟主体在场中，新媒体扮演了将乡村文化实践落在熟人社会关系网络中的角色。研究指出，乡民利用微信群生成新的社交和生活方式。[1] 微信群拓展了村民线下的社会关联。村民则借助社交媒体形成了"互联网自组织"，这一能动性较强的开放组织进一步将分散在不同空间的村民纳入到"媒介化合作网络"[2]。本研究表明，熟人社会关系中的微信群，并不会生成新的社交关系，但却会在日常生活层面形成一种潜在的乡村秩序，这种乡村秩序尽管是潜在的，却是乡村社会关系的根基。

再次，新媒体中的乡村文化实践的呈现，维护了乡村社会熟人关系的特性。将村庄内与村庄外的社会关系区别得十分清晰，只有自己人在村落的文化实践中才可以有文化身份与文化地位，非自己人虽然在村庄打工，始终是外来者，无法进入村庄的文化实践中，也始终无法获得村庄的合法身份。

这里的终结者有两种含义，第一是指乡村文化秩序的体系在新

① 沙垚:《乡村人际关系和文化秩序的再生产——基于陕西关中庙会微信群的民族志考察》,《中国新闻传播研究》2018 年第 1 期, 第 188-200 页。
② 牛耀红:《社区再造: 微信群与乡村秩序建构——基于公共传播分析框架》,《新闻大学》2018 年第 5 期, 第 84-93 页。

媒体的形式中得以完成和实现，第二是指乡村的文化秩序在实践中，处于内循环状态。无论是村民的文化实践在微信群还是在短视频方面，其目的最终都是指向乡村的熟人社会关系中，并非为了陌生的网民而实践的。

（七）结论与讨论

就历史而言，乡村社会的宗族秩序和传统的等级秩序，在20世纪上半叶的社会运动中被陆续瓦解了，"这一瓦解显示了'革命中国'的现代性质，但是，另一方面，它又'征用'了多方面的传统资源并同时成功地转换为一种'地方性'的现代形态"①。这种"地方性"的现代形态，在分离和断裂中不断重塑着乡村社会的秩序。在这个过程中，乡村文化的实践形式，也在自上而下和自下而上的两种坐标中不断博弈着，就像是一体两面的秩序，表层和内里之间充满了张力与不平衡。新媒体在这种张力与不平衡中进入，既有乡村习惯、风俗的因素，也有行政力量的主导性因素，乡村文化活动的实践，成了一个特殊的文化场域。在这个场域中，文化被塑造为一种新的"文化"，这种新"文化"中，新媒体成为一个组成部分。

本文研究的案例，一个京郊村庄，以熟人社会关系为基本属性，乡村文化实践的过程建立在以政府主导为主、村民自发的文化实践活动为辅的文化秩序中。乡村文化实践的形式从春晚、元宵节到不同节日的文化活动，再从图书馆阅读活动到乡村民俗活动，从武术展示、电影放映到歌舞表演等，这一系列的文化实践排列在每年12个月的序列中。这种文化序列本身，是顺应着乡村生活的习惯和风俗，也在前文所述的"地方性的现代性"过程中。互联网十年前进入村落，微信和短视频近几年在村落里成为人人都会使用的工具，作为无名者的村民们，他们渐渐将这个工具带入日常生活中、带入乡村文化实践中。乡村文化秩序的特征由此发生了改变。

新媒体在乡村文化实践的秩序构建中，依次扮演了隐性在场者、嵌入者和终结者的角色。这三个阶段新媒体所扮演的角色，对

---

① 蔡翔：《革命/叙述：中国社会主义文学—文化想象（1949—1966）》，北京：北京大学出版社2010年初版，2018年再版，第6页。

于乡村文化实践而言，构建了潜在乡村秩序的基础，也形成了新媒介和新人际流动条件下熟人社会村落的文化实践特征。这种文化实践的特征以自发性、行政性和自我组织为特征，并以与主流文化不断混合、又不断脱离的形式持续在传统与现代之间获得生命力。

上述的结论中，主要是就村庄内部文化实践的形式整体而言的，没有就某一种特定的文化形态进行分析，其中，有几个问题值得进一步讨论：

第一，乡村文化自身的内在实践，新媒体的呈现对于非熟人社会而言，是什么状况呢？

相关研究表明，乡村春晚是重塑国家与乡村、干部与群众之间有机联系的重要媒介[①]。农村青年对新媒体的应用在打破其传统思维定式的同时，也在逐步形成一套新的文化交流势态[②]，而涉农纪录片一定程度上为重建乡村文化自信提供了潜在的可能性[③]，就乡村文化的实践而言，乡村公共文化出现了"低消费""高福利"模式[④]。

本研究认为，对于非熟人社会而言，即对于拆迁或者迁移的村民而言，当村庄被分散之后，村民成为居住在陌生空间的陌生人，新媒体在文化实践中的勾连作用将会变得更为突出，线下非熟人关系，依靠线上的文化实践牵引来引导，从而形成线下新的社会关系，这种新型的社会关系也是新型社区凝聚力构建的前提。如何更为准确地认知这种社会关系，对于乡村社区化管理意味着什么，这一点还需要进一步拓展。

第二，外来文化对于村庄的输送，在何种意义上可以获得较好的效果？

---

① 赵月枝、龚伟亮：《乡村主体性与农民文化自信：乡村春晚的启示》，《新闻与传播评论》2018年第2期，第6-17页。

② 段永杰、董小玉：《新媒体语境下农村文化传播路径探析》，《今传媒（学术版）》2014年第5期，第25-27页。

③ 马梅：《涉农纪录片重建乡村文化自信的理论基础与现实可能》，《现代传播》2019年第4期，第117-122页。

④ 印子：《乡村公共文化的面孔、式微与再造——基于湖北农村老年人协会建设实践的分析》，《南京农业大学学报（社会科学版）》2015年第2期，第1-7+124页。

研究表明，一度"送文化下乡"因为没有结合农民的处境化经验而出现"下不了乡"的现象[1]。"电影下乡"虽然始终是中国农村公共文化供给的一个形式，但农民参与不足，"电影下乡"因而缺乏必要的村民基础。[2] 改革开放以来，农民的私人文化生活日益封堵，农村公共文化开始衰落，学者认为是由于农村传统文化中的公共理念在消解，认为农村公共文化重构的现实出路应该是"嵌入论"和市场化，即通过农民公共观念和公共文化形式两个渠道的共建和互动，来实现农村公共文化的繁荣与振兴。[3]

本研究表明，外来的文化输送在不同的乡村社会中会引起不同的效应，对于熟人社会而言，外出者众多，观念更新迅速，新媒体技术掌握熟练，但是外来的文化信息对他们而言，并不具有太强的吸引力，反而会形成反作用力。对于年长者而言尤其如此，唯有符合村民自我诉求的文化形式才会有生存空间，在这个意义上而言，外来文化唯有和村庄内在的文化秩序勾连，才可以获得内在的生机，否则容易形成乡村文化秩序的内在失衡与瓦解态势。

第三，政府主导的乡村文化实践，在新媒体的连接下，是否会转化为熟人社会村落的一种文化的自发实践、进而成为构建新的村庄秩序的基础呢？

研究指出，"一旦新的观念成了一种人们习惯的信仰，它就会成为美好生活的另一种可资依靠的屏障。那时，我们就会达到一种更为现实的社会信条，把和平共处，以及人们从生存的原料中为自身创造出来的种种同样有效的生活模式作为希望的基地、宽容的基础来接受"[4]。而一个村庄的文化实践，如果不是来自内在动力，主

[1] 郑迦文：《文化下乡与精神进城——民族地区农民工公共文化服务的面向及策略》，《贵州社会科学》2016 年第 5 期，第 84-89 页。

[2] 李祖佩：《村庄空心化背景下的农村文化建设：困境与出路——以湖北省空心村为分析对象》，《中州学刊》2013 年第 6 期，第 72-77 页。

[3] 吴理财、李世敏：《农村公共文化的陷落与重构》，《调研世界》2009年第6期，第 3-5 页 +17 页；吴理财、夏国锋：《农民的文化生活：兴衰与重建——以安徽省为例》，《中国农村观察》2007年第 2 期，第 62-69 页。

[4] ［美］本尼迪克特：《文化模式》，王炜等译，北京：社会科学文献出版社2009年版，第 181 页。

导者为外因的话，一旦外来力量从乡村社会撤退，其倡导的文化样式处境如何，很难预料。本书中的 Y 村，文化实践活动主导者为 40 岁以上的村民，他们有内在的文化诉求，这些文化诉求与青年村民未来的文化诉求之间如何对接，也是一个未知数。

2019 年年底至 2020 年年初的新型冠状病毒肺炎疫情，对于乡村的秩序建构而言是一种意外的冲击，对于乡村文化实践而言，则形成了一种意外的停滞与推动。停滞在于，集体的文化实践由于空间限定而暂时休止了，但是村庄原有的以家族为核心的文化实践则在相对封闭的院落里复苏起来了，新媒体的展示，成为文化实践的平台。乡村，成为被疫情遗忘的一处文化场所。

无论在常态还是在意外的场景中，对于农民而言，他们"对美好生活的设计，首先是基于生存主义本位和职业本位下的一种经验性叙述；其次是以乡村社会的经验记忆和情感牵绊为理想预设的设想；最后，信息的本地经验化和外来信息经验化之间的冲突与交融，始终凸显在他们对美好生活的设计过程中"①。乡村文化未来的实践路径，乡村社会未来的秩序构建，恐怕都脱离不了农民这一真正的诉求：美好生活。让笔者用雷蒙·威廉斯的一段话来结束本文的叙述吧：

文化观念的历史记录了我们在思想上和情感上对共同生活状况的变迁所作出的反应。我们所说的文化是对事件的反应，而这些事件的意义本身又受到我们所理解的工业和民主含义的界定。然而，是人造就了这些状况，也正是人改变了这些状况。这些事件同样记录在我们总体的历史当中。关于文化观念的历史记录了我们的意义和定义，但是反过来，这些也只能置于我们的行为这样的语境中，才能够真正理解。②

① 李红艳：《什么是农民眼中的美好生活——基于乡村振兴视角下的思辨》，《人民论坛·学术前沿》2019 年第 9 期，第 90-99 页。

② [英]雷蒙·威廉斯：《文化与社会：1780—1950》，高晓玲译，长春：吉林出版社 2011 年版，第 311 页。

王敏芝 ①

谁在交往？

——数字媒介时代"云交往"的主体扩张与重构 ②

（陕西师范大学新闻与传播学院，西安，710000）

【摘　要】"云交往"作为数字媒介时代最普遍的交往形式，体现了数字时代最突出的技术规定和人际交往领域技术中介的快速转型。社会交往的数字中介化日益普遍日常，曾经虚拟的身份和补充性的交往方式不断投射渗透至现实，成为新的现实，也造成交往主体的不断解放与扩张，甚至需要对交往主体及其主体性进行颠覆性理解。数字环境成为现代交往的基本环境设定，数字技术对主体不断增强与嵌入，这一事实让"数字化生存"在主体层面越来越走向极端，"赛博人"是否能成为技术逻辑改造后的终极主体，值得深思。

【关键词】云交往；数字技术；交往主体；赛博人

"云交往"作为对数字媒介时代交往实践的形象化描述，呈现的是人们当下普遍且日常的交往形式：基于数字媒介中介、无需同一时空和具身同在等前提制约的交往/传播活动。当然，中介化的人

---

① 作者简介：王敏芝，陕西西安人，陕西师范大学新闻与传播学院副教授，博士。主要研究方向为新闻理论、媒介文化研究。

② 本文系国家社科基金重大招标项目"数字媒介时代的文艺批评研究"（项目号：19ZDA269）。

际交往早已有之，比如书信、电话等等，但数字中介化的社会交往之所以具备质变的特性，在于只有数字媒介使中介化交往彻底摆脱作为补充性交往形式的地位而成为彻底日常化、极度普遍化的交往实践方式。因此，"交往在云端"成为一种日益普遍的现实，"云交往"也成为现代人际沟通的首选方案。

数字媒介时代，人们如何交往，也就如何重新定义着人的社会属性和人的主体特征。一方面，技术革命与媒介演化过程的背后，始终站立着拥有探索欲望、需要并热忱于社会交往的人；另一方面，媒介以自己的方式重新塑造人类的生存环境与生活形态，技术也不断体现出重新定义人的交往形式和内容的功能。因此，当人们的传播活动、交往实践乃至基本生存方式都以新技术媒介为最普遍的工具意义时，媒介背后的人也必定会遭遇随之而来的技术重塑和特定的境遇挑战。那么，数字媒介时代，处于云端的交往主体，到底应该怎样界定和命名？应该说，交往主体不断地拓展与重构，是"云交往"的基本特征。

（一）媒介演化与交往主体拓展

媒介技术的进化承载着人类文明发展的介质进程，也可以说，媒介进化史与人类文明史是以相同步调推进的。由最初口耳相传、结绳记事到如今数字媒介时代的"云交往"，人类的传播方式大多以传播工具的革新为前提。传播技术本质上来说是一种生产力，这种生产力不仅展现在推动人的社会化交往层面，更深刻地影响着人类社会生产方式的变革和人类精神文明的创造。人在交往实践中对媒介技术的使用实际上影响着技术的发展偏向，为之后的媒介技术改造提供了思路，并最终成为人类总体文明形态的时代表达。传播介质的现实意义并非仅作为中间介质单纯加入到信息发送者与接收者之间，而是利用其技术特性为传收双方营造了新的传播环境。无论是在人的个性化发展还是社会关系的组成维系中，媒介工具对人们的影响都是越来越明显的：媒介化从根本上影响或改变了人们的交往方式，也在不断演变的交往形态中诠释、印证、甚至重构了主体性的构成。

作为"延伸"的媒介，本质上与人的能力和意志息息相关的。

媒介演进伴随着人类的交往实践和信息传播的全过程，是人们在媒介使用中与传播介质的相互适应、相互依存从而推进理性实践和文明成果的过程，是在其中创造新的交往环境和新的交往方式的过程，也是人们建构以媒介技术为载体的信息集散模式、拓展交往主体形态和缔造信息化生产体系的过程。"就采取行动而言，我们是以自身感官获取所需信息，并借此来规划行动的。也就是说，人通过自身的感官能够探知到的领域，如人的听觉、视觉和嗅觉等能够感知的地方，或是人使用语言能够传递信息的地方，就是个体所能体现自身控制能力的范围。"[①] 信息的价值在于流通，流通中的信息才能获得更多的影响力和更巨大的价值，难以获取的或保密度极高的信息失去了它的流通能力，意味着其交往内容的失效，而掌握这一信息的主体则会成为孤岛。所以，不断加强交往能力，实现信息有效流通，是实现人的主体价值的重要一环，也是媒介形态变化的核心要义。

媒介形态变化从其轨迹上来看，是沿着人类不断突破限制、克服困境的路径而前进的，具有不断"人化"的趋势。当人类在面对自然带来的生存压力时，或是想要突破仅凭个人体力难以实现的物理限制时，往往会寻求交往能力的提升。而在对这些障碍突破的过程中，媒介就实现了有意无意的形态进步。麦克卢汉认为的广义媒介，并非仅指我们所熟知的通信工具，在他看来，只要是对人类身体器官或是思想思维的延伸，都可以将其称为媒介。麦克卢汉也认为，"我们在媒介对人类的延伸中，正迅速逼近最后一个阶段——从技术上模拟意识的阶段。此时，基于人类主动性和创造性的认识过程，其延伸的将会在群体中和在总体上呈现，并由此发展，直至进入人类社会的一切领域，正像我们的感觉器官和神经系统凭借各种媒介而得以延伸一样。"[②]

---

① 维纳：《人有人的用处——控制论与社会》，陈步译，北京：北京大学出版社2010年版，第3页。

② 马歇尔·麦克卢汉：《理解媒介——论人的延伸》，何道宽译，北京：商务印书馆2001年版，第20页。

媒介是技术的外显化表达，一切媒介都需要依靠技术来支撑。但从麦氏的泛媒介观点来看，一切作用于人类社会的技术，都可以被视作是媒介。技术所起到的人体延伸作用，既是借由媒介表述出的观点理念和身体感知，也有着未诉诸语言的、人凭借技术达成的自然环境、生存空间、生产力、社群关系和组织结构等的改变。媒介和技术两者，都是人类的延伸，我们不论是依靠媒介或是依靠技术，都能够借此来作为自身和他者的中介，面对我们需要解决的生存状况，并合理实现自身的交往需求。

　　媒介是人类的延伸，从某种意义上理解，人类也是媒介的延伸。媒介在对人类社会进行着改变的同时，也由于人类对媒介技术的改造而实现了自身的发展进化。媒介依附人类表现出了有机化，就如同人类的进化一般，媒介借由人类之手完成了工具理性的选择：任何一种后进媒介都是对之前媒介的功能补足，而之前媒介将会以某种形式完成再现。"在每种媒介身上，都体现着其优于其他媒介的强项和难以补足的短板，而这些特性也将会呈现在其运载物即信息之上。新产生的媒介并未彻底将旧媒介杀死，而是将其推向更能够展示其优势的位置。"[1] 正是在这样一种不断淘汰与被淘汰的进程中，媒介实现了自身发展的互补与兼容，与人类的生活融合得更为密切，也在不断丧失优势中继续寻求突破，以图重建优势地位。事实上，传播过程中改变的只是物质载体的形式，而人类对媒介工具的技术需求却从未被抛弃，甚至愈发强烈。

　　人类对媒介工具的技术性把握，在延展自身器官、获取交往便捷的同时，也会将自身的价值判断和理性逻辑融入媒介之中，形成对该技术的自我合理化认知。当技术要素与交往主体实现交往空间的共用、交往主体的匹配和交往行为的达成时，媒介工具将会以直接或间接的方式对交往主体产生影响，甚至成为交往主体的生活组成部分，最终达成人与技术的共生。在人与技术的相互作用中，人的主体性势必也体现出了主流媒介技术的性状，并随着交往空间和

谁在交往？

---

① 杰克·富勒：《信息时代的新闻价值观》，陈莉萍译，北京：新华出版社1999年版，第244页。

交往行为的不断扩散而固化成型，最终形成具有普遍认知模式和行为方式的社会形态。

因此，当我们表达数字时代交往主体的扩张与重构的这种判断时，我们是将人类交往主体看作是与技术互相激发、互相使用与互相成就的互动关系中认识的。也因此，在媒介不断"人化"的演化趋势中，技术路径就已经包含了促进主体功能与意志扩张的内在规定，人在使用、选择和依靠媒介进行社会实践包括交往实践的过程中，自然体现出主体扩张的结果。

（二）技术语境中的数字化交往

进入 21 世纪，计算机超级强大优越的计算能力成为人脑（部分功能）的延伸，同时，移动互联网也发挥了技术的超时空特征并正式将人类带入了数字交往时代。数字化媒介在最广泛民众中的普遍化使用颠覆了人类的交往实践，不仅改变了人类以往的交往模式，同时也为人类创造新的交往方式提供了无限可能。数字化信息技术的高速发展，使得数字媒介的更新迭代更加迅速，在追逐前沿的风潮中，人们也越来越强烈地迷恋于传播工具的技术加成、依赖于传播工具的物理特性，处于由不断提升的技术运用所建构的媒介生态之中。"第三次浪潮就这样开始了一个真正的新时代——非群体化传播工具时代，一个新的信息领域与新的技术领域一起出现了，而且这将对所有领域中最重要的领域——人类的思想，发生非常深远的影响。总之，所有这一切变化，变革了我们对世界的看法，也改变了我们连接世界的能力。"[1] 由于数字化技术赋予媒介的计算能力，使得数字媒介实际上成为了一种具有鲜明个人特征的非群体化传播工具，个体可以通过自我喜好设定建构媒介使用模式和习惯，使其成为具有专属色彩的表达工具，技术和思想共同达成了个性化表达。

社交化、移动化、数字化和智能化，成为新媒体发展的趋势。"全媒体、人与社会的互构一方面提高消费者作为'高贵的业余者'

---

① 阿尔文·托夫勒：《第三次浪潮》，朱志森、潘琪译，北京：生活·读书·新知三联书店 1983 年版，第 225 页。

的主体地位，正是因为如此，人们对网络技术产生了膜拜的情结，将网络视为无所不能的机器。"[1] 基于数字信息技术的传播平台，在借助强大的计算能力和不断优化的算法设计中，使得人们个体化、个性化、移动化的信息交往得以实现，传播技术的拓展应用正在将人类需要沟通的本性发挥到极致，也正在将每个人都融入信息社会的现实中。移动互联网的崛起已经成为又一个由技术神话所造就的现实世界，移动互联时代的到来正在进一步使人们的交往方式实现自由意义上的流动和流动意义上的自由。

　　媒介技术手段的革新、信息技术范式的升级，不仅加速改变了人们进行交往的物质条件，也改变了人们作为交往主体的角色意识及自我体验、重构了人们物质交往与精神交往得以进行的时空结构。人们对于时间与空间的概念和体验，在技术化的媒介工具对人体的延伸过程中、在交往主体对自我存在的追求与权衡中、在空间景观对人们社会关系的折射与影响之中发展变化。"信息方式的出现，以及电子媒介的交流系统，改变了我们思考主体的方式，也带来了改变社会形态的前景。电子文化促成了个体的不稳定身份，促成了个体多重身份形成的连续过程，并且提出了超越现代社会形式这个问题，提出了后现代社会的可能性这个问题。"[2]

　　因此，在新媒介技术环境中讨论交往主体的问题与技术带来的主体性困惑直接相关。马克·波斯特认为，"自 20 世纪晚期新媒介技术使用以来，技术不断促成建构一种全新的人际交往关系，其中最重要的特征是技术为人们引入了新的身份或者说分散了主体"[3]。身份创新和主体性分散在互联网社交中体现尤甚，人们可以使用虚拟身份或符号化主体建立社会关系，尽管这种符号主体不具备完全的独立性，其真实性也备受争议，但却突破了个体身份的唯一性，

---

　　① 蒋建国：《网络媒体的价值冲突与文化反思》，《南京社会科学》2016 年第 4 期。

　　② 马克·波斯特：《第二媒介时代》，范静晔译，南京：南京大学出版社2001年版，第 61 页。

　　③ 马克·波斯特：《信息方式——后结构主义与社会语境》，范静晔译，北京：商务印书馆 2000 年版，第 24 页。

为交往中的普通个体创造了多元的主体之维。

比如虚拟身份。在现实身份之外，人们可以拥有一个符号化的虚拟身份，并对这个身份进行自我建构和形象维护，使用这一符号身份进行自我呈现和人际交流。譬如电子游戏中的角色扮演：对于沉浸于虚拟世界的很多玩家来说，电子游戏中的世界是与现实生活相对独立的，可以有选择地甚至是全部抛弃现实世界中自身的所有设定，从而在游戏中完成无负担的全新体验，虚拟社会带来的思维"轻盈"感，能让玩家脱离肉身的束缚，拥有全新的角色体验，获得现实世界难以给予的技术满足。

媒介建构的虚拟主体身份并不仅仅存在于电子游戏之中，其他媒介平台也因网络的相对隔绝性和身份虚掩性成为与现实世界相对的所谓"思想净土"。因此，能否在虚拟的媒介使用者身份与现实的社会存在身份之间自如地转换，能否有节制地玩游戏、使用媒介，并在其中获得愉悦而不至于"玩物丧志"，是人与媒介能否达成主体身份认同的关键。康德认为在游戏时人具有双重身份，既是社会人又是游戏者。人在游戏时正因为知道自己实际上处于置身事外的位置，仅作为游戏者存在，所以才能获得观照自我、体验自由的游戏乐趣。然而，在电子游戏里，人却只有一个虚拟的、符号化的身份，这种虚拟主体认知可能会因为过度沉浸而本末倒置，歪曲甚至逆转人在社会生活中的实际主体地位，这也是技术带来的认知忧虑。

再如虚拟人格。外在虚拟身份的确立是内在人格体系的隐喻，网络虚拟人格是一种旨在借助网络虚拟化身，对自身在现实中的不足之处进行补偿或提高的虚拟人格，主要表现为在网络环境中体现出与现实人格不尽相同或是完全迥异的行为模式，是网络媒介赋予人类相对独立的另一重人格。奥地利心理学家弗洛伊德认为人格系统由本我、自我和超我三个子系统组成。本我即最原始的人类特质和本性，是不加束缚的自然生长体；超我是经过了完全道德约束的理想状态，即所谓无瑕疵的"完美人"；而自我则介于其中，在欲望与道德之间实现平衡，成为既不背离道德、又满足本性的调节体。在网络中，超我因为虚拟性而暂时脱缰，本我借助虚假外衣实现外释，此时的自我就需要适应新的环境并不断调适，重构网络空间中的自我调节，在网络自我和现实自我中重获人格的合理表达。虚拟人格通常可分为两类：一是被现实存在压抑的人格，二是平时难以得到却十分向往的人格。实际上，虚拟人格与现实人格相比显得更加外向化，自我披露和展示的行为也时常出现。正如戈夫曼"拟剧理论"所揭示的那样，一些媒介使用者将网络空间视为自身展演的绝佳前台，将日常生活中难以表达出的人格特质在虚拟世界中呈现，以此来获得不同的人生体验和外在评价。

网络空间具有的主体隐匿性和相对隔绝性确实能够给虚拟人格带来具有安全感的生存空间，经营一个理想中的完美人设本无可厚非，合理发泄自身情绪也情有可原，但在利己的同时切不可逾越道德的底线和法律的边界，否则定会遭到技术滥用带来的反噬。

更重要的是，数字技术让"我"变得更为复杂和耐人寻味。"自我，毫无疑问需要载体来使之具体呈现。"[1] 人自然而然地把身体首先当成"自我"的载体并在持续不断地与客观世界交流互动的过程中把握和认识它，因此，"自我"长期地栖居于物质性的身体之中。但现代数字技术让自我与身体分离，"数字"成为继"身体"之后接纳自我的新型载体，"数字主体"成为人在交往中呈现自我和认识自我的另一种方式。

数字技术为社会交往造就出一种"仅仅存在于语言和行动中的无实体的身份"[2]，抛出一种"既在场又缺席"的悖论状态，也提供了交往个体向他人展示多重可设的"数字化自我"的技术支持。甚至在 5G 技术应用的前景预设里，人际交往可以实现个体全息的"数字在场"，即通过极端高速与超大容量的数据传递实现人的行为的数字化，从而实现"数字化身体"在不同空间的在场。有学者称之为"数字虚体"，只是这种虚体的真实感实在是太过强烈。[3]

① 安东尼·吉登斯：《现代性与自我认同》，夏璐译，北京：中国人民大学出版社 2017 年版，第 57 页。

② 南希·K.拜厄姆：《交往在云端：数字时代的人际交往》，董晨宇、唐悦哲译，北京：中国人民大学出版社 2020 年版，第 118 页。

③ 蓝江：《生存的数字之影：数字资本主义的哲学批判》，《国外理论动态》2019 年第 3 期。

（三）赛博人："云交往"的"终极主体"？

由技术构建的人的虚拟身份与现实空间内的真实身份同时存在，虚拟形态的交往不断投射和渗透至现实世界，导致虚拟与真实边界的消解，也更强烈地体现出人类符号化交往的趋势。虚拟个体与现实个体越来越有机地捆绑在一起，甚至无法做出区别或者说区别二者已经没有意义了，因为各种虚拟主体并不是各种虚拟空间或线上联结中的账号与结点，而是其在现实交往中不同维度的镜像映射。那么，我们应该如何理解数字媒介时代的交往主体？

可以说，新技术时代的交往是一个主体解放和扩张的时代，其传统的主体性在面对前所未有的颠覆的同时，也在充分享受技术带来的交往自由与价值重构。面对人类从未体验过的主体世界，我们应当对它的意义与价值有重新的、完整的认识。

"万维网出场的 1991 年，接入互联网的全球计算机只有 20 万台，23 年后的今天，全球 70 亿人口中，将近 30 亿成为网络人口，人类因此变得空前富有。一家微博网站一天内发布的信息，就超越了《纽约时报》辛勤工作的 60 年。全球最大的视频网站一天上传的影像，可以连续播放 98 年。如今两天积累的信息总和，就相当于人类历史留下的全部记忆。伴随着海量信息几乎无成本的全球流淌，伴随着人与人、人与物、物与物之间囊括一切的连接，人们有理由预见，财富、生活、交往、创造、观念立体的又一轮激烈变革就在眼前。"这是 2014 年中央电视台大型纪录片《互联网时代》第一集解说词中的一段，生动刻画了人们当前所面临的现实语境。

如今，数字化技术浪潮正在以前所未有的速度与广度形成引领与推动人类全球化进程的强大动力。尤其是数字传播技术的不断创新与扩散，使人类的交往方式与时空范围得以空前拓展，遍布地球表面的数字通信设备，宛如遍布人体的血管与神经一样，正在将生活在"地球村"中的人类连接成一个整体。在数字技术营造的生存空间里，人们不再陌生于虚拟与现实之间的生存穿梭，不再受制于自我与他者的身份想象，人们通过交往实践而获得的生存体验，正在颠覆以往的生活方式，重构几乎所有的文化知觉与价值边界。

"计算不只是和计算机有关，它决定了我们的生存。"[1] 当人类与数字实现日常生活层面的密切关联时，意味着数字化的抽象世界与技术化的现实世界的浑然一体。在数字世界中，人的交往实践已高度融入由技术元素主导的信息场域中，它也是人们长期的现实社会劳动的具体结果，并使人类高度融入由技术工具承载的物质交往体系与语义结构体系，体现着以技术创造为核心的全部交往实践过程。在这种语境以及眼见这种语境更为极端化演化的态势中，交往实践的主体又会最终寻找到怎样恰当的存在形式呢？这个问题值得所有数字媒介时代"云交往"参与者深思。

1984年，加拿大科幻作家吉布森在其小说《神经漫游者》中首次描绘了"赛博空间"这一概念，将其描述为一个由电脑生成的数字虚拟空间，它把人们的生活空间分成了现实和虚拟两个维度，不计其数的使用者只要插上电源插头，即可进入其中的奇妙世界。在互联网崛起的前夜，曾被《时代》周刊列为当代最重要的未来学家的尼古拉斯·尼葛洛庞帝便开始描绘人们在比特世界中的生活场景，从多方面肯定了作为"信息的DNA"的比特在成为人类生活的基本构成元素之后将产生的强大能量，并预言，由比特所构成的互动世界、娱乐世界、资讯世界终将合而为一。"在根本上它是反空间的。它一点也不像纳沃纳广场或是考普利广场。你说不清它在哪里，它也没有令人难忘的形态和面积可供描述，你更无法告诉陌生人怎样到达那里。但你可以在其中找到东西，即便你不清楚这些东西的具体位置。网络是四下弥漫的——并不存在于任何特定的地方，但却同时出现在每一个地方。"[2] 赛博空间和比特世界建构的另一方天地并不能够为肉体提供栖息的介质，也无法在地图上找到其确切的位置，但空间却是真实存在的，甚至承载了现实空间所无法容纳的信息量和价值期待。相比于物质而言，数字搭建的世界给人带来的更多是大脑、意识的解放，成为人类利用技术增强自我的最高阶目标。

---

[1] 尼葛洛庞蒂：《数字化生存》，胡泳、范海燕译，海口：海南出版社1997年版，第15页。

[2] 威廉·J.米切尔：《比特之城》，范海燕、胡泳译，北京：生活·读书·新知三联书店1999年版，第9页。

"赛博空间"的出现,既是人类实现自由交往与交往自由的共同理想的结果,也成为人类在建构交往自由进程中的一种必然。也就是说,数字虚拟主体的出现,本身便是人类社会交往实践的产物。人类在利用媒介实现自我需求的同时,也决定了媒介技术发展的进程与方向,数字传播技术从无到有、从低到高进化发展的每一小步,都伴随着人与人之间或显在或潜在的交往需求关联,伴随着通过交往实践而不断延续、颠覆、改造、重构主体经验世界的过程。

"云交往"中数字主体在现实中的普遍性存在,体现了人类在现实的社会交往实践中的一种客观逻辑:信息技术是由于人类社会实践的需求而生,并随着技术的人性化演进而与人融为一体,并延伸了人体的感知功能,将人类变成生存于技术世界中的真正主体。对此,认知哲学家安迪·克拉克认为,"在信息技术的推动下,技术本身已经延伸并协同建构了人性,特别是人的认知方式,人已然成为自然出生的'赛博人'"[1]。

后人类时代出现的这些为技术所穿透、数据所浸润的身体,我们将其命名为"赛博人",是想突出表达这样的观点:技术与人的融合创造出的新型主体,正在成为一个终极的媒介。在这里,人本身就是技术叠加的一个部分,人与媒介成为了共同体,身体仅仅成为载体,脑内思维才是人类本质的体现。技术与人实现了真正意义上的共生关系,技术理性成为人类思维中的内嵌价值观念,并成为理所当然的思考模式。缺乏技术加持的存在被认为是不够科学和客观的。同时,也是更为重要的一点,是在基于媒介技术而生成的媒介融合环境里,"赛博人"成为一种新型主体,参与构建后人类时代的种种传播。

"从生物的角度来看,'赛博人'模糊了人类与动物、有机体与机器、物质与非物质的界限"[2],而当前技术与人的融合渗透愈加紧

---

[1] A.Clark, Natural-born Cyborgs: *Minds, Technologies, and the Future of Human Intelligence*, Oxford University Press, 2003, p. 3.

[2] 欧阳灿灿:《当代欧美身体研究批评》,北京:中国社会科学出版社2015年版,第165页。

密，所塑造出的新型主体，正在昭示着一个颠覆性的事实，即"传播的主体已经从掌握工具的自然人转变为技术嵌入身体的赛博人。因此，媒介融合不可能仅仅从媒介本身理解，而是进入了重造主体的阶段"[①]。主体已经不是单纯的人本身，而是叠加了技术属性的人与技术合体。

在社会交往领域，这类技术增强下的主体突破了实体论的身体观，"我们仅仅通过电子邮件交流或者参与文本为基础的多用户游戏，就已经使'身体即肉体'这种不证自明的想法成了问题"[②]。也就是说，我们以为的传播主体不再想当然的是以肉体为基础的生物人。技术已经介入其中，并且技术与产物的身份交织缠绕，以至于不再可能将它与完整意义上的人类主体分离开来。

从"云交往"的实践观察，似乎只有"赛博人"才能如此彻底地将人与技术的双重逻辑、实体空间与虚拟世界的双重行动史无前例地互嵌在一起。因此，我们不禁想要追问："赛博人"，会是数字时代交往主体的终极形态吗？

① 孙玮：《赛博人：后人类时代的媒介融合》，《新闻记者》2018 年第 6 期。
② 凯瑟琳·海勒：《我们何以成为后人类：文学、信息科学和控制论中的虚拟身体》，刘宇清译，北京：北京大学出版社 2017 年版，第 36 页。

风险社会与媒介文化

陈瑞华　黄冰婷 ①

短视频时代的风险话语及其文化建构 ②

（广东财经大学人文与传播学院　广州　510320）

【摘　要】作为数字化社交的视觉入口，短视频成为当下日常交往的重要手段。随着短视频使用场景的多元化，及其对日常生活空间的不断嵌入与视觉化处理，短视频已然构成新的生活方式。与其他媒介的信息生产模式与叙事逻辑不同，短视频强调的是情境、身体和视觉化的话语叙事。这种传播属性使短视频对社会风险传播产生重要的影响，不仅改变了风险呈现与阐释的话语逻辑，而且带来新的媒介风险文化。在此基础上，需要以批判性的思维重新审视短视频在风险传播与沟通中的作用。

【关键词】短视频；风险话语；风险文化

　　根据中国互联网络信息中心的最新报告显示，截至2020年6月，短视频用户规模达到了8.18亿，较2020年3月增加4461万，占网民整体的87.0%。③ 在短视频日渐成为新的生活方式与传播生

　　① 作者简介：陈瑞华，男，博士，广东财经大学人文与传播学院，讲师；黄冰婷，女，广东财经大学人文与传播学院本科生。
　　② 本文系国家社科基金重大项目"提升面对重大突发风险事件的媒介化治理能力研究"（21&ZD316）的阶段性成果。基金项目：教育部人文社科项目：社交短视频对农村青年私人生活影响研究（20YJC860003）；广东省教育厅科研项目：青少年社交媒介交往形式及其逻辑研究（2019WQNCX033）。
　　③ 中国互联网络信息中心：《第46次中国互联网络发展状况统计报告》，http://www.cnnic.net.cn/hlwfzyj/hlwxzbg/hlwtjbg/202009/t20200929_71257.htm。

态的同时，其技术可供性与媒介化逻辑开始塑造使用者的思维模式、行动理念等，进而带来新的媒介文化现象。这意味着短视频不仅是作为媒介形态而存在，更以某种偶然性或未曾体验的方式呈现生活与事实。正是在这个过程中，一种新的媒介风险话语和风险文化孕育而生，并给现实生活带来重要的影响。基于此，本文以新冠肺炎疫情时期的短视频传播现象为背景，分析短视频作为新的生活方式背后隐藏的风险话语以及风险文化建构。具体而言，短视频的媒介风险生成机制不同于其他媒介形态，有其自身内在逻辑和典型特征。就此而言，这种特征和逻辑究竟是什么，如何发挥短视频在风险沟通中的作用？这些问题需要结合现实进行思考。

（一）短视频：风险生产的个体化感知

自从德国社会学家贝克提出"风险社会"的概念后，风险社会便成为阐释现代性及其后果的重要理论之一，对风险产生及其影响有着很强的现实解释力。以此反观当下中国社会所处的"双重转型"时代背景，以及网络社会叠加的状况，风险更是层出不穷且日渐紧迫。在催生风险的诸要素中，既有现代性发展模式内在不可调和的结构性矛盾，又体现在诸如知识生产体系等制度性的系统困境。作为系统组织的构成部分，媒介在社会风险的生成过程中同样扮演着关键角色。

通常而言，媒介组织本应在管理者、专家与公众之间构筑起有效的传播渠道，但现实往往不尽如人意。这里面既有媒介组织在风险社会中固有的结构性矛盾[1]，也体现在媒介表征社会风险过程存在的相关问题。就传统的大众媒介而言，在面对社会风险出现时，大众媒介仍然以传统风险思维与语言去表征风险，即认为通过理性认知、精确计算与科学介入，最终能够有效预测和解决风险，从而为抵御风险提供有效指导。但如贝克所言，风险已不是早期社会的危险，"风险可以被界定为系统地处理现代化自身引致的危险和不

---

① 马凌：《新闻传媒在风险社会中的功能定位》，《新闻与传播研究》2007年第4期。

安全感的方式"①。在这种风险语境下，不确定性、混乱性成为难以避免的结构情境，风险本身则"侵蚀并且破坏了当前由深谋远虑的国家建立起来的风险计算的安全系统"②。简而言之，面对风险本身的关联性、日常性以及不确定性所带来的影响，大众媒介依然试图通过确定的政治、专家与科学话语去引导，以空洞的安全感来缓解公众的焦虑和恐慌，这容易导致媒介"有组织的不负责任"③，进而在意外出现时产生更大的媒介公信力危机。在最坏的意义上，它只能加剧风险专家和管理者与外行公众之间的紧张关系，因为它无力为这些多元的和符号性的信息体系的影响和运作以及它们与其消费之间的关系提供一种全面的、逻辑上连贯的解读。④ 在某种程度上来看，这就是传统大众媒介风险放大的内在机制。

与传统大众媒介所不同的是，短视频是个体化信息生产模式，这种特征使短视频的风险生成机制截然不同。在媒介技术快速发展的当下，短视频进入门槛越来越低，抖音、快手与西瓜视频等都成为大众化个人媒介应用。有学者认为，短视频的"新媒体赋权"比其他自媒体更为彻底，绝大多数的普通人，包括那些不识字的底层人群都可以通过短视频记录自己、记录他人。⑤ 正是在这个过程中，个体获得对社会风险的阐释话语权。相较于大众媒介从抽象公共性的维度去表征风险，个体化风险认知是从个人视角感知风险存在。首先，这种风险感知是具身化的，身体成为风险认知与建构的源头，诸如身体疼痛、情绪等构成风险表征。在吉登斯看来，"身体似乎是个简单概念，但实际上它不仅仅是我们拥有的物理实体，也是

① [德]贝克著：《风险社会》，何博闻译，南京：译林出版社 2004 年版，第 19 页。

② [英]亚当等编：《风险社会及其超越：社会理论的关键议题》，赵延东等译，北京：北京出版社 2005 年版，第 10 页。

③ 马凌：《新闻传媒在风险社会中的功能定位》，《新闻与传播研究》2007 年第 4 期。

④ [英]皮金等编：《风险的社会放大》，谭宏凯译，北京：中国劳动社会保障出版社 2010 年版，第 157 页。

⑤ 潘祥辉：《"无名者"的出场：短视频媒介的历史社会学考察》，《国际新闻界》2020 年第 6 期。

一个行动系统，一种实践模式。并且在日常互动中，身体的实际嵌入，是维持连贯的自我认同感的基本途径"①。在新冠肺炎疫情时期，身体经历的遭遇更是成为风险感知的核心，基于身体的情绪成为风险阐释的情感来源。其次，个体化风险感知有情境性，即风险感知"在地"状态，个体是从自身所处状况去体验风险的急迫和严重。总之，短视频难以像大众媒介那样塑造稳定的风险概念与认知，总是随个人所处情境、位置、利益、身体感知以及权力关系的变化对风险进行定义，这就造成风险感知的千差万别。

除了个体化信息生产模式带来风险感知的差异化之外，短视频的视觉化传播同样成为风险生成的内在驱动力。短视频作为一种视觉载体，其视觉效果讲究短、快与节奏性，这使其区别于大众媒介的视觉生产。因为在风险表征过程，大众媒介强调的是客观性，而短视频在进行风险视觉化传播时则与人的主观体验性结合，甚至为营造某种奇观效应而不惜夸大与杜撰事实。当这种视觉的奇观堆积到一定程度时，其与风险之间的关系便发生了改变，即风险本身被视觉化。风险被视觉化，这是短视频风险生产的重要特征。在这背后，指的是风险本身的属性及其可见性变得并不重要，重要的是如何从个体角度出发、从短视频可看性的角度出发去建构属于自我的风险理解与界定，关注的是影响风险视觉化的结构关系与条件。换言之，风险的严重性在某种程度被短视频的流量逻辑替换了。正是在这个过程中，风险本身反而被弱化与消解了。这种无形的弱化又导致公众对社会风险本身的形成，及其对相应的义务与责任缺乏关心。与此同时，当风险被视觉化之后，视觉的满足与否就成为对风险处理和应对的重要判断标准。在这种状况下，管理者、专业知识等都被吸附到短视频视觉化进程中，只有满足了视觉的呈现及其传播需要，才能够获得公众的信任。

（二）情感视觉化：短视频的话语逻辑

随着短视频对日常生活的不断嵌入，其不仅改变了风险的生产

① ［英］吉登斯：《现代性与社会认同》，赵旭东等译，北京：生活·读书·新知三联书店 1998 年版，第 111 页。

逻辑，而且风险本身亦被视觉化处理了。风险之所以被视觉化处理与呈现，首先与短视频自身的技术属性有着密切的关联，同时也是短视频在日常生活弥散化后对公众带来的媒介化影响的体现，即公众以情感化和碎片化的话语阐释与认知社会风险，并以视觉化的方式呈现风险，这就构成短视频背后的话语逻辑。

短视频视觉化不仅是传播形态，也是公众自反性的批判和质疑过程，本质上是看与被看的话语争夺过程，是无名者出场对主流话语带来的挑战，但这种话语受到诸多因素干扰。首先是技术层面的影响，即技术意向性的影响。短视频的技术意向性尤其表现在短、快和节奏性方面，这种短不仅仅指时间与容量，而是其难以像长篇文字那样赋予表述以理性、逻辑和结构化特点。短视频声画结合的特征，则使其对节奏性有较高要求。其次，商业竞争因素也在干预短视频。当前国内短视频竞争尤为激烈，求新、求异和求快成为目标，这必然对内容选择及其表述构成潜在规则，进而产生影响作用。此外，用户自身作为内容生产主体，也在追逐私利、曝光度等目的。就此而言，短视频背后的话语逻辑是多重因素共同作用的结果。这些因素交织带来的话语趋势之一，就是话语本身的"加速"。在罗萨看来，"加速"已经成为现代社会一种新的根本性特征，诸如科技、社会变迁与生活步调等都处在加速轨道上。体现在短视频话语中的"加速"则表现为情感化、碎片化与狂欢化的表征。在"加速"话语驱动的交往实践中，交往容易被异化和裹挟。罗萨认为，"在现代社会中发挥决定性作用的社会加速在'晚期现代'中要翻越一个关键点，而到了那边就不再继续有对于社会的同步性和社会整合的要求了"①。这同样适用于短视频的话语逻辑及其风险生成。

情感化缘何成为短视频"加速"话语的典型特征，这与短视频的内容生产模式有着密切的关系。不像纪录片或其他具有完整叙事的视觉化作品，短视频对内容的呈现具有很强的压缩性和拼接性。在快手、抖音等平台上，大多是几十秒或几分钟的短视频，这些内

---

① [德]罗萨：《加速：现代社会中时间结构的改变》，董璐译，北京：北京大学出版社 2015 年版，第 27 页。

容大多数是大量素材剪辑之后的结果。因此，如何在琐碎的内容中挑选出有情感张力的素材就成为重要标准。在新冠疫情期间，诸如"武汉女子敲锣救母""武汉医院求救""武汉女孩追着救护车喊妈妈"等传播甚广的短视频，无不通过放大某种情感来刺激人的内心。在疫情带来普遍不确定的状态下，这种情感宣泄有其必要性，因为"恐惧和焦虑体验是现代主体不安全感和无家可归的普遍情绪，是现代主体存在的基本情感"①。但是，如果这种情感的放大超过某个临界点，甚至与谣言混合，将导致消极后果。因为"数字化媒介的整合功能将谣言包装得更加真实可信，因此，谣言往往超出了原有的定义框架：谣言被体验为真实"②。这就带来社会焦虑，甚至引发抢购等不理性行为，抑或悲观与绝望的社会情绪。同时，碎片化也是短视频话语逻辑。这些类似"快闪"的内容呈现，让人体验不到情感连续性，在快速划过的内容中，在声音、光与影的刺激下，悲痛、恐慌、惊奇与搞笑等情感往往混杂起来，人的情感状态变得漂浮与难以琢磨。这种浮光掠影的瞬间情感体验某种程度上消解了情感的张力性，不会使人仔细思考情感背后的问题，即情感的社会结构或者系统性问题。

情感在快速转变中之所以变得无意义，与其营造出的瞬间狂欢体验不无关系。狂欢本具有解构意义，通过特定时空的狂欢来消解意识形态的抑制。在巴赫金看来，狂欢是对神圣事物的不敬和歪曲。但是，短视频中的情感视觉及其碎片化趋势并不能实现狂欢在巴赫金笔下的解构作用，而是让公众陷入视觉狂欢表演中。在这种语境下，风险本身被琐碎化了，甚至被搞笑、戏谑的方式对待，真正思考风险系统性危机则被忽视。换而言之，原本在风险背后需要思考的责任、危机及其应对等问题，已然被某些情感性的、碎片化的场景所替代，这些又成为公众了解和感知风险的重要源头与认知基

① 史修永：《视觉文化与恐惧、焦虑体验的审美再生产》，《文化研究》2016年第4期。

② 李春雷、雷少杰：《想象、话语与景观：底层视角下公共事件中的谣言传播进路研究》，《国际新闻界》2020年第8期。

础。当所有的危机与系统性困境都在快速掠过的视觉奇观中变得单一，个体则在这种片刻的视觉狂欢与奇观中感知风险。一旦风险被如此表述，这才是真正的"风险"。这种风险不是事物本身的危机，而是忽视真实的"风险"及其后果，即以情感视觉化来反复呈现风险的意义，进而对现实本身产生侵占，基于视觉构成的风险反而替代真实的风险而成为公众认知的基础。当公众面对真实的风险时，无形中就丧失辨识真实风险的能力，这成为短视频时代风险的独特文化景观。

（三）公共问题私人化：短视频中的风险文化

当风险成为个体化的感知，并在短视频媒介形态的影响下被不断放大，那么关于风险的讨论已经远不是纯粹技术性或组织性问题，而是不同个体赋予其意义的实践过程，有着强烈的主观阐释的倾向。作为一种阐释或者话语逻辑，本质是通过情感的凸显以及强化符号的方式来实现对风险的再定义。正是在这个过程中，催生短视频独特的风险文化现象。

在斯科特·拉什看来，风险"文化"并没有假定一个决定性的秩序，而是假定一种反思性的或非决定性的无序状态。[1]拉什提出的风险文化概念，是针对贝克等人的风险社会概念及其现实解释力的不足，意在以"反思性"判断的方式重新审视现代性及其风险衍生。这种新的判断不是基于知识认知产生的理解，而是通过想象或者感觉途径发生的共情。从这个意义上讲，所有文化需要都充斥了感情的特殊性、人造物、仪式和事件；也就是说，它们指向一些包含在死亡、爱、性、与子女关系和友谊等短暂性中的存在主义的意义，这些意义比逻辑意义更重要。[2]反观当前短视频中的风险呈现及其话语逻辑，从日常生活记录寻找和建构意义成为风险阐释和理解的关键。这种阐释不是理性的、系统的思考，而是情感性的、琐

---

① ［英］亚当等编：《风险社会及其超越：社会理论的关键议题》，赵延东等译，北京：北京出版社 2005 年版，第 68 页。

② ［英］亚当等编：《风险社会及其超越：社会理论的关键议题》，赵延东等译，北京：北京出版社 2005 年版，第 77 页。

碎的即时性意义空间生成。与此同时，短视频中的风险文化和身体有着密切相关性，对于风险的感知与表述是从身体内在恐惧、惊慌、担心以及各种情感中形成的，身体的感知成为风险认知的重要源头。

在短视频日渐成为公众呈现和阐释风险的手段，将自身私人问题不断放大成公共性议题的同时，本属公共性议题的风险却也开始走向一种私人化的趋向。具体而言，社会风险作为公共性的议题，每个个体在承担风险和被救济方面都是平等的，这是公共性的本质属性。但随着短视频的普及，以及由此衍生的交往社群化，风险议题开始由公共性转向社群的价值认同与建构，即对风险的阐释夹杂更多私人道德、语言和信仰，甚至是种族、意识形态等不同的色彩。正是在这种语境下，价值背后的主观私人性、个体性等特征日渐凸显，从而打破风险具有的公共属性，对风险的处理开始变得充满争端和质疑。在新冠肺炎疫情时期，这种倾向表现在地域之间的歧视，尤其是对武汉籍人员的警惕。至于病毒全球扩散后，国家之间的地域歧视或种族歧视变得更加严重。同时，随着风险及其不确定性增加，以及短视频传播的情境性和在地化理解，短视频开始改变人与人之间的互动和日常生活的信任关系。尤其是流动性高的人员或医护人员等，成为公众恐惧的对象。这种恐惧在短视频中被不断放大，从而带来群体性恐慌与歧视。概而言之，短视频在增强风险可见性同时，也在消解风险背后的公共性，即为风险加入私人化价值因素，这种私人化价值的加入使风险具有歧视性。

在面对社会风险的影响时，所有人都能够平等地被对待是风险应对的重要前提。当短视频成为公众了解和阐释风险的普遍手段之后，短视频自身也成了风险注意力分配不均的影响要素。首先，短视频内容生产涉及选题、拍摄和剪辑等技术门槛。就此而言，如果熟练掌握短视频拍摄技术，就能够使短视频获得更高点击率和传播力。其次，短视频背后还涉及平台干预，尤其在算法、资本等要素影响下，短视频影响力大小往往由这些因素决定。这些要素都在某种程度上决定视频本身可见与否。基于此，短视频加大风险注意力分配不均问题，因为对短视频技术不甚了解的人群，往往难以通过该渠道去呈现风险，遑论以此去争取平等的关注与风险保障。尤其对社会边缘人群而言，其风险境况和遭遇只能是被淹没，或者是等待他人的关注。此外，一个短视频关注度的高低不仅与其内容相关，算法以及平台推荐同样决定了短视频的可见性程度，这就意味着什么样的内容是否符合平台的规则，会成为其是否可见的标准。

（四）结语

　　每一种技术的发展都会带来新的悖论，对社会风险这种系统性的问题而言，媒介技术造成的影响更加地凸显。基于此，如何应对短视频时代的社会风险再生与放大就成为亟待思考的现实问题。不管怎样，短视频一方面使得风险本身有了更多的呈现途径，成为不同群体呈现风险的重要渠道，有其积极的意义；另一方面，短视频也要纳入整体的社会风险沟通系统当中，加强其在政府、公众以及专家互动过程中的作用，生成与维系风险应对持续、多样的关系样式。此外，短视频作为公众日常风险沟通手段，要成为重建社会信任的渠道，即成为社会合作和公众积极参与的平台，使社会风险不是落入私人化的陷阱，而是真正成为公共性的议题。

■李春雷　姚亚楠 ①

社交媒体时代饭圈文化失序风险及规②避研究

——基于情绪传播视角的思考

（广州大学新闻与传播学院　广州　510000）

【摘　要】饭圈文化作为青年亚文化的一种形态，与整个社会系统有着内在的逻辑关联。而其中粉丝的情绪传播是饭圈文化发展的主脉之一，尤其是粉丝群体之间的情绪对立和冲突已然成为一种常态，饭圈群体在网络时代已成为一个不可漠视的有组织的社会群体。本文通过对系列典型案例的分析，深入剖析饭圈文化失序的产生机理以及引致的风险，并尝试抽取出情绪传播这一关键因素，探究规避失序风险的理论思考。研究发现，饭圈文化在社交媒体的聚合效应加剧了群际之间多元情绪的对立，其后果不仅导致了整个饭圈文化极端化的发展取向，还一定程度上影响了社会政治心理的稳定。

【关键词】饭圈文化；情绪传播；失序风险

引言

费斯克在《粉都的文化经济》中提到"粉丝是民众中最具有辨

① 李春雷，广州大学新闻与传播学院教授，博士生导师。姚亚楠，广州大学新闻与传播学院研究生。
② 本文系国家社科基金重大项目"提升面对重大突发风险事件的媒介化治理能力研究"（21&ZD316）的阶段性成果。

识力、最挑剔的群体，粉丝们生产的文化资本也是所有文化资本中最发达、最显眼的"。[1] 粉丝这一群体并非近年来才有的新鲜产物，《晋书·卫玠传》中便有这样的描述："京师人士闻其姿容，观者如堵。"更有成语"看杀卫玠"，由此可见追星现象在晋朝时便已存在。[2] 粉丝文化初见雏形其实是在 20 世纪中后期，在 2005 年"超级女声"已成规模，当今社交媒体时代粉丝文化已达到高潮。社交媒体时代，粉丝不仅积极推进了饭圈文化的突飞猛进，还通过规则的制定、偶像崇拜符号的提取等方式进行秩序的构建。与此同时，饭圈也在不断固化，当某个圈层被打上社会身份、地位或文化趣味的符号或标签时，每个产品不仅成为一个圈子，也具有了层级差异。更为严重的是，粉丝借助各种新的传播媒介极大地丰富了自我传播渠道和传播话语，在主观情绪的催化下，个体情绪迅速以病毒式、多维式、爆炸式进行社会化传播，加剧了不同圈层的分化和撕裂。个体情绪传播在群体盲从性和易感染性的特征下，形成饭圈文化失序风险，对当下互联网治理、文化治理乃至社会治理提出了挑战。

饭圈文化最早始于粉丝文化，国外研究相对较早，德赛图、费斯克等人转变原有的研究范式，将研究关注的焦点从生产转为消费[3]，正是对消费者及其高超的消费技术的肯定，才促进了粉丝文化的研究。"粉丝"现象虽然在中国自古有之，如孔子的追随者，但相比国外来说，与社会系统之间进行关联性思考的并不多见。以情绪传播为探究之针，本文尝试对饭圈文化内在的情绪、价值、利益等进行逻辑上的叩问，以期对学界有所助益。

一、情绪传播视角下饭圈文化失序的风险表征

由于人类社会实践和社会生活的发展，将人类拖进到一个风险高度发生的时代。社会越来越巨大化和复杂化，成为吉登斯所言的

---

[1] John Fiske. *The Cultural Economy of Fandom in the Adoring Audience: Fan Culture and Popular Media*, ed. Lisa Lewis. London: Routledge. 1992: 48-50.

[2] 鞠春彦、杨轩：《核心粉丝是如何炼成的——基于文化资本视角下的粉丝社群研究》，《中国青年研究》2019 年第 7 期，第 84-90 页。

[3] 刘雅云：《理性与疯狂：粉丝群体亚文化研究》，安徽大学，2016。

"失控的世界"，也就是贝克所谓的"风险社会"。① 饭圈文化生态系统与社会系统的关联性决定了其不可避免的风险性，此外社交媒体的公开性，让曾经作为亚文化的粉丝文化"暴露"在媒体和大众的检视下，也很容易放大某些极端行为。② 由此观之，饭圈的群体化传播存在着天然的传播风险，当饭圈个体的情绪系统受到饭圈群体及周边社会情境和个体的合力后，就会借助非理性情绪来释放和表达自我。个人非理性的、负面情绪通过饭圈群体裂变式传播，引起饭圈群体内部、群际之间的矛盾，从各个层面对个体、群体乃至社会造成风险隐患。

（一）情绪积累：消解个体意识

社交媒体借助不同平台重新形塑媒介社会的样貌，重新构建饭圈内个体的意识形态。勒庞认为群体很容易展现无意识状态，由于"群体中个人的才智被削弱了，从而他们的个性也被削弱了，异质性被同质性所吞没，无意识占据了上风。当群体无意识在更大的范围内聚集起来的时候，结果便是疯狂，这是一种可能导致革命、战争或者类似事件的精神瘟疫"。③ 而这种现象在饭圈中体现得更加明显，饭圈传播中信息与情绪并进，粉丝之间的情绪除了横向传染，纵向也呈现不断积累趋势。尤其是负性情绪，虽然会暂时隐藏起来，但久而久之负性情绪便逐渐集聚，星星之火成燎原之势不可小觑。新媒体开放的媒介空间特点给很多心智尚未发展成熟的粉丝提供了平台，容易使其不断地产生很多负性情绪，进而在无意识的情况下做出一些非理性的行为，而这些行为不仅被不断累积的负性情绪所控制，还会消解个体的能动意识，引发极端化的心理危机。

（二）情绪感染：引发群际对立

传统媒体时代受制于物理空间，粉丝对偶像的喜欢只能在有限

---

① ［英］安东尼·吉登斯：《失控的世界：风险社会的肇始》，参见薛晓源、周战超主编：《全球化与风险社会》，北京：社会科学文献出版社 2005 年版。

② 童祁：《饭圈女孩的流量战争：数据劳动、情感消费与新自由主义》，《广州大学学报（社会科学版）》2020 年第 5 期，第 72—79 页。

③ 周思博：《网络事件中群体极化效应的演化机制及其应对研究》，湖南师范大学，2013。

范围内传播。而在社交媒体时代，个人能够通过社交媒体找到粉丝群体，粉丝与偶像由传统意义上的弱关系转为强关系，关系的高密度引发的次生反应便是情绪的强感染。感染指的是某种观念、情绪或行为在暗示机制的作用下以异常的速度在人群中蔓延开来的过程。[①] 情绪感染来源于心理学，主要是因为情绪感染涉及个体、情绪，以及情绪传播的心理过程。在社交平台的互动中，粉丝情绪在感染机制的催化下迅速地在群体内部达成共识，这种群体的一致对外性会导致不同粉丝群体的争斗不断升级，从而造成不同圈层之间话语交锋和群际撕裂。例如，2020年爆发的"肖战227"事件、"庆生"事件，肖战的粉丝群体基于对偶像的狂热喜爱与受到外界抵制的怨恨情绪相互交织下以高度极化的组织力、攻击力渗透到同人文圈层，这种由于饭圈情绪感染机制导致的打压其他圈层的局面，事实上是对其他圈层的自由权利、主体意识的剥夺与排斥。

（三）情绪权力化：加剧社会分层

情绪不仅是个体生存和人际交往、认知互动的心理动机和活动，它还具有更复杂的社会或符号内涵。心理学研究证实，权力在人的生活中有着举足轻重的作用，它深刻地影响着人们的认知、行为和情感。情绪传播中隐含的权力、角色等意义，外化为饭圈内话语规则的秩序化建构，聚焦在饭圈内部则是粉丝阶层的上升与下滑逻辑。粉丝个体地位在粉丝群体存在不同的层级划分，这一逻辑打破了人类社会已有的分层标准：财富、声望、地位等，饭圈与流量正在成为社会分层的新机制、新维度。但新的社会分层机制在很大程度上固化了社会活力，加剧了层级差异。以往的研究揭示了饭圈的利益导向本质，使组织中饭圈以资源分配者为中心：谁拥有权力，谁分配资源，谁就成为饭圈的中心。[②] 粉丝群体内部有明显的阶层分化[③]，饭圈组织中有着核心支撑力，即粉丝中的资源掌握者在社会中的社会资本促使其在线上掌控着话语权和分配权，在互联网虚

① 郭庆光：《传播学教程》，北京：中国人民大学出版社1999年版，第96—97页。

② 罗家德、周超文、郑孟育：《组织中的圈子分析——组织内部关系结构比较研究》，《现代财经》2013年第10期，第4—6页。

③ 马志浩、林仲轩：《粉丝社群的集体行动逻辑及其阶层形成——以SNH48 Group粉丝应援会为例》，《中国青年研究》2018年第6期，第13—19+45页。

拟饭圈维度上处于社会最高层；而社会地位、资源较低的粉丝在饭圈中处于从属地位，自由意志与个人意愿被抑制，处于互联网底层。此外，饭圈内部长期稳定的运作模式与规范、物质与象征性资源的积累，不断地拓展其外在的权力边界，饭圈内外的知识与话语隔阂也造成了社会不同圈层的明显区隔与分化。

二、饭圈失序风险下公众情绪的透析

情绪与社会之间存在着某种隐喻关系，社会规约着特定情绪的发生，情绪表征着社会现实，两者具有一种内在的、必然的联系。[①]作为一种社会心理现象，情绪在群体性事件传播、饭圈内部以及群际之间传播中都扮演着举足轻重的作用。

因此，对饭圈群体情绪传播的心理机制进行研究就显得尤为重要。饭圈文化中公众情绪的变化是由群体认同、饭圈权力控制、社会系统的风险特征共同决定的，透析饭圈中个体的网络参与行为和内在的心理感知相结合下的情绪纹理尤为重要。

（一）群体认同：社交媒体中的情绪共享

泰弗尔将社会认同定义为："个体认识到他（或她）属于特定的社会群体，同时也认识到作为群体成员带给他（或她）的情感和价值意义。"个体通过社会分类，对自己的群体产生认同，并通过对内群体与相关的外群体的有利比较，实现或维持积极的社会认同以提高自尊。[②]社会认同是群体情绪产生的基础，公众情绪通过集体意义的获得与集体认同的强化，实现了社区集体认同感重塑。[③]以社交媒体作为即时交流平台，促使饭圈群体以共同的喜爱与目标迅速集结在网络同一群体中，使原本现实空间中无交集的个体，通过社交媒体形成新的交往关系。饭圈内部的情绪表达相互感染、传递、

---

① 郭景萍：《情感社会学：理论·历史·现实》，上海：上海三联书店2008年版，第91—93页。

② 张莹瑞、佐斌：《社会认同理论及其发展》，《心理科学进展》2006年第3期，第475—480页。

③ 李春雷、陈瑞华：《社会公共事件中微媒介与公众情绪联动机制研究》，《现代传播（中国传媒大学学报）》2019年第4期，第76—81页。

交替，影响圈层内个体的意志从而驱使其行为。于个体而言，粉丝基于自我反思形成的自我认同，是粉丝对偶像的"投射"，即将个人理想、情感和信念向外放大的一个过程，如很多女性粉丝将对另一半的幻想投射在男明星身上，将其作为自我理想男友的标杆，本质上来说就是一种深层次的自我认同。于饭圈群体而言，是饭圈在与社会互动过程中形成的群体认同。当出现外部群体理念行为与其不一致时，群体界限会变得清晰，群体认同意识就会更加强烈，不乏极化的情绪变速蔓延整个饭圈，集结强有力的攻击并强势夺取话语权。这种攻击可能并非饭圈文化中突出的非理性行为，而是一种通过叙事、记忆等符号性活动调动群体成员的情绪，引导成员加深对所属群体的认同和信任，以便围绕共同目标展开行动的动员和团结机制。

（二）权力控制：饭圈传播中的情绪异化

心理学家艾里希·弗洛姆从人的心理体验着眼，把"异化"界定为人在现实活动或心理活动中经受或者感觉到的压抑、无助以及受到的人的非本质力量统治的心理状态。[①] 在饭圈文化中的情绪异化表现为饭圈传播中权力的控制，"权力"一般指政治上的强制力量。[②] 社交媒体时代话语即权力，饭圈的网络话语是网络文化的重要组成部分，在话语权力上更鲜明地表现为"文化权力"。布尔迪厄在其著名的论文《资本的形式》当中，第一次完整地提出了文化资本理论。文化资本理论将文化视为一种不同于经济力量和社会关系的资本形式，它已成为影响社会稳定和统治秩序的"决定性"力量。[③] 根据饭圈中的等级秩序逻辑，顶层话语权掌控者变相地对文化意义、权力、地位进行隐形解读与传播，促使饭圈内部自上而下的层层控制。在这种隐性的控制机制下，粉丝对偶像的情感需要外

① ［美］艾里希·弗洛姆：《健全的社会》，上海：上海译文出版社2011年版。

② 新华网：《习近平：青年要自觉践行社会主义核心价值观——在北京大学师生座谈会上的讲话》，http://www.xinhuanet.com/politics/2014-05/05/c_1110528066.htm，2014年5月4日。

③ Bourdieu, Pierre. 1989: The forms of capital. In A. H. Halsey, H. Lauder, P. Brown, &A.

化于金钱、时间成本与情感劳动，以此来不断地证明自身的存在价值。基于此，粉丝个体不仅沦为了情感劳动的机器，一旦未达标准或与自身、他人、社会发生矛盾时，也使个体内心体验中内含否定性的倾向，其外在表现为压抑、消极自由、非理性和无意识等一系列分裂、失衡的心理状态集合。饭圈传播中情绪的异化受到饭圈权力与秩序控制的深刻影响，饭圈组织基于对粉丝的情绪操控而掌控着文化权力，使饭圈情绪的异化极易趋向极化。

（三）风险扩散：社会系统中的情绪对抗

技术红利下饭圈粉丝联动越来越紧密，其中一些极端的饭圈成为具有极强动员能力的组织。以重复的话语侵蚀各个平台，用简单粗暴的方式区分异己，在网络空间里拒绝并且攻击任何表达异议的他者。这种行为模式已经占据主要的网络舆论场，其中的抗争性情绪渗透到社会系统中，在社会化媒体中表达与扩散，导致社会系统和饭圈生态的风险外化。同一圈层的个体增加彼此的联系与情感交流，个体情绪通过网络间的互动、共情形成社会化共享情绪，在多元的利益空间中为自我利益发出诉求，而当诉求不统一或者被吞噬时，个体利用社交媒体进行情绪表达，进一步导致沟通的错位和价值判断差异化，网络情绪表达与评价系统的失控，导致网络情绪的激化与对抗。饭圈的弱思考能力与强情绪宣泄，失去了对他群的理解能力与全面思考能力。圈际之间逐渐撕裂导致社会系统的混乱，社会共识的减少使得社会处于一种阶层性撕裂状态，由此形成社会系统的风险扩散。

三、情绪治理：饭圈文化风险的规避进路

对于饭圈文化中社会情绪治理内涵的界定，涉及在饭圈风险表征、公众情绪概念基础之上对一系列基本问题的认识展开饭圈文化风险中群体情绪的研究。新媒体空间给予了情绪传播舒适的土壤，但也一定程度上放大了社会情绪。[①] 饭圈群体以不同程度的负性情

---

① 李春雷、姚群：《"情绪背景"下的谣言传播研究》，《广州大学学报（社会科学版）》2018 年第 10 期，第 46-50 页。

绪掺杂于群体性事件中，通过网络平台彰显的失序，使事件的风险进一步叠加。情绪治理并不等于完全消除一切负性情绪，激发负性情绪的积极因子，肯定消极情绪的积极意义并恢复理性情绪。因此，在饭圈个体面对消极情绪时刺激其积极情绪的产生，以及从消极情绪中快速恢复的能力，便是由Davidson等人提出的情绪弹性理论。[①]该理论被运用在多种学科视野下分析社会现状、解决社会问题。

（一）负性情绪：积极情绪的共生

情绪弹性理论中基本构成要素之一就是积极情绪能力，它是指个体面对消极情绪刺激时产生积极情绪的能力。其实任何情绪都有其存在的意义价值，学会了解负性情绪来源，更好地认识和接受它，从而发现饭圈中的负性情绪价值，刺激积极情绪的共生。当下饭圈群体出现对群体敌视的情绪，其大量负性情绪的输出破坏社会各个其他子系统的良性联动。在此首先应该正视而非压抑、否认饭圈的负性情绪，再寻找出其元根源。饭圈群体与社会其他群体由于缺乏充足认知导致共同意义空间的匮乏，出现认知不平衡和敌视情绪，情绪弹性作为一种情绪能力，在增加饭圈群体了解一定的情绪心理知识基础上，提升饭圈群体的负性情绪认知调节能力，并且饭圈群体应主动增加各方有效交流，以此缓和群体之间的关系。此外，个体提高对外群体成员的观点采择能力，减少带有情绪的偏见。例如，个体对污名化的外群体如同性恋群体换位思考，改善对整个外群体的态度，思考对方对自己的看法、态度，即元刻板印象，并不断提高中肯建议的信息提取能力，在真正的群体互动环境中将饭圈文化向正面引导。基于情绪弹性这种刺激负性情绪产生正能量的理论，避免饭圈极化的表达和情绪化的传播，启迪粉丝通过平台理性发声，化解群体性事件的风险，对推动饭圈文化与社会主流文化相融合具有重要意义。

（二）代替性攻击：缓冲后的情绪平衡

情绪弹性理论另一部分就是如何摆脱负性情绪，达到积极情绪

社交媒体时代饭圈文化失序风险及规避研究

[①] Davidson R. J., Affective Style, Psychopathology, and Resilience: Brain Mechanisms and Plasticity. *American Psychologist*, 2000(11), 1196-1214.

与消极情绪的动态平衡。并非任何程度的负性情绪都能带来正能量,当出现过度强烈的负性情绪或情绪失控,它往往会引发难以估量的伤害性后果。[①] 这时给情绪临界点找一个出口至关重要,即替代性被攻击者或渠道。替代攻击的概念始于 Freud 与精神分析心理学,Freud 的心理学强调动力,攻击能量若不能从攻击者这里宣泄出去,它便会寻求向另一个体发泄,这类似一种防御机制。[②] 一旦个体的攻击本能或负性情绪得到宣泄,个体的攻击水平就会下降。所以一方面对于媒体平台而言,应设置好缓冲地带,减少饭圈群体与其他群体的正面冲突,增设宣泄的替代性渠道,对饭圈情绪的话语演变进行数据的采集,以此把控饭圈内部的情绪走向。另一方面,要洞悉在宣泄的背后其本质是对于满足感的获取,如何重建饭圈的内心体验,也需要主流媒介文化与饭圈文化对话中,捕捉、感知多样化青年饭圈群的生活图景和精神脉动,通过"饭圈"这面多棱镜洞悉出当下社会转型期在不同社群中存在的问题,推动饭圈文化和社会文化共同发展。

结语

社交媒体时代为公众构建了一个复杂的传播关系网络,情绪背景作为线下的情绪面,蔓延至互联网空间,在各个节点之间高速传播、激荡。[③] 社交媒体时代下饭圈群体的心态透视与情绪讯息大于信息传播本身,情绪传播理论为我们理解饭圈文化和饭圈群体性风险事件的形成提供了一种宏观视角。饭圈群体心态在某种程度上呈现为一种情感势态,逐步把握饭圈群体心态的流动性变化,对纾解饭圈传播风险和社会风险有着重要作用。

本研究探讨了情绪积累、情绪感染、情绪异化对冲突风险解决策略的影响,以情绪弹性理论干预实现负性情绪的减少、积极情绪

---

① 张惠玲:《负性情绪正能量》,《大众心理学》2018 年第 5 期,第 45—46 页。

② 喻丰、郭永玉、涂阳军:《触发性替代攻击:概念、范式与实验证据》,《心理研究》2011 年第 2 期,第 57—64 页。

③ 李春雷、姚群:《"情绪背景"下的谣言传播研究》,《广州大学学报(社会科学版)》2018 年第 10 期,第 46—50 页。

的增强，从而促进饭圈文化的良性循环，从群际情绪、公众情绪心理方面分析了饭圈失序风险机制。而情绪弹性理论在其他中介因素间是如何起联动作用的，将在未来研究中需要进行更深入的探索。情绪在饭圈传播和社会系统联动传播中越来越得到关注，情绪本身是传播内容的重要部分，亦会衍生出更多的意义，这正是风险生成和风险规避的重点所在。

曾娅洁 ①

共情与众怒：社会热点事件中网络新闻聚像的建构与传播逻辑

——基于"江歌事件"的考察 ②

（江西财经大学人文学院，南昌，330000）

【摘　要】相比于传统媒体时代的新闻聚像，互联网群体传播时代因多元传播主体的介入，使得网络新闻聚像具有流动性、复合型、目的性等多重特征并生成了新的传播逻辑。本文以"江歌事件"为例，通过不同主体对事件的聚像建构以探究其传播的逻辑共性。研究发现，江歌事件在刑事与道德框架下游移，依次历经了异国命案、忘恩负义和司法正义三类聚像符号。这些聚像因其勾连着传统母性、弱者同情、知恩图报以及社会道义等文化主题而得以持续发酵，并最终体现出共情与众怒两种情感逻辑。在这两种情感逻辑的作用下，引发了公众对社会道义、司法制度的反思，推动了公共讨论，但同时也要警惕过度的情感宣泄可能造成的伤害。

【关键词】网络新闻聚像；群体传播；话语实践；传播逻辑；江歌事件

一、研究缘起

近年来，社会事件的曝光因为有了互联网的助力而愈加频繁。

① 曾娅洁，博士，江西财经大学人文学院讲师。

② 本文系国家社科基金重大项目"提升面对重大突发风险事件的媒介化治理能力研究"（21&ZD316）的阶段性成果。本文系江西省高校人文社会科学研究一般项目"重大突发公共卫生事件中地方舆情的应对与治理研究"（项目编号：XW20204）的研究成果。

尤其在社交媒体的信息传播中，公众得以在短时间内聚焦，通过话题讨论、意见交换、观点争锋使之成为超脱个案特征而具社会普遍意义的典型事件。像我们所熟知的"红黄蓝虐童事件""杭州保姆纵火事件""空姐滴滴打车遇害事件"等，它们之所以能够在一段时期内引起热议，不仅在于传播渠道上，广泛的网络参与使之有了最大范围的传播力度和社会熟识度；更在于事件本身与社会大多数人的利益性，使之具备了持续关注和热议的可能性。其中，与多数人的利益相关，往往反映出社会发展现阶段的深层矛盾或价值争议。例如在"红黄蓝虐童事件"中引发了对未成年人保护、幼儿教育、幼师资质等问题的关注；在"杭州保姆纵火事件"中暴露出家政行业、物业消防管理等问题的缺陷；在"空姐滴滴打车遇害事件"中对网约车平台公共安全、部门监管缺位的质疑等社会问题。

这些隐藏在事件背后的价值反思，作为凝结在新闻事件当中的浓缩符号，不仅代表着本源事件的核心意义，更常常因话语主体阐释的差异而跨越其本体边界，生成不同的衍生意义为其所用。这种超越事件本身的浓缩符号，学者班尼特和劳伦斯（Bennett & Lawrence，1995）将之称为新闻聚像（news icons）。它的使用夹杂着传者的言语表达与行为特征，在生产、建构与传播的过程中体现了传者主观意欲表达的传播意图，构成了新闻聚像生成的传播主体逻辑。这一点，当我们回顾传统媒体时代，可以看到聚像的意义时常局限于专业信息生产者的单向阐释中，通过浓缩符号的嫁接与再生产，借以延续、再现核心命题，彰显主流价值。而今互联网群体传播时代的到来，一方面是多元话语主体的不断介入，另一方面是专业信息生产者不再占据信息发布的垄断地位，这种情况下是否为新闻聚像的建构及传播提供了新的可能呢？

为此，本文拟从新闻聚像的传播视角切入，选取"江歌事件"为例，就新闻聚像的研究扩展为网络新闻聚像的研究，即对互联网信息传播过程中社会热点事件的浓缩符号研究。带着这样的思考，聚焦于个案中不同话语主体对浓缩符号的意义建构与阐释，及其得以传播所体现的内在文化逻辑。在此基础上，试图通过个案延至对整个网络社会传播机制的反思，为现代网络传播生态的群体景象提供新的研究视角。

二、文献梳理：互联网群体传播中的网络新闻聚像

传统媒体时代"新闻聚像"的生产及传播由新闻工作者主导，是一种自上而下的垄断式单向表达。这一概念最早由班尼特和劳伦斯提出，是指"新闻事件中的一个影响深远的凝缩图像（condensational image），能够唤起人们某种原始的文化主题（cultural themes），甚至在其中发现理论上的矛盾和张力"[①]。作为一种"决定性瞬间"（decisive moment），通过再现描述性线索、历史标志和强化情节（definitional cues, historical markers, and plot thickeners）[②]的反复传诵，以超越本源生命力的方式得以延续，并给公众留下深刻印象，使其按照预设的价值立场形成相应的认知话语。[③]

它们取材于热点事件中，其形式既可以是一个事件或人物，也可以是一个词语、画面或一句话。[④]具体包括如下4类：（1）事件型，如难民危机、性别暴力、虐待儿童、南京大屠杀等，这类事件带有一定的标杆意义，其背后往往暗藏着更为重大的社会问题，例如民族主义、种族主义、公共政策制定等；（2）人物型，如总统呕吐、女性形象等，借人物形象凸显社会问题；（3）语句型，如"官宣体"、政治人物激进话语等，主要来自热点事件中重要人物话语，言简意赅，大多为反主流或反常规话语；（4）视觉图片型，如叙利亚溺水儿童、越战逃跑女孩等，流传于各类传播介质，以强烈的视觉冲突引发关注。需要说明的是，这些新闻聚像大多相互关联，尤以事件型新闻聚像最为广泛和普遍，且囊括了人物形象、话语、画面等多种元素，具有强大的情感动员和制造争议的能力，也因此成为极具代表性意

---

①② Bennett, W. L.& Lawrence, R. G. News icons and the mainstreaming of social change. *Journal of Communication*, 1995, 45（3）: 20-39.

③ Graber, D. A. *Verbal Behavior and Politics*. Urbana, IL: University of Illinois Press, 1976, p. 289. 转引自刘涛：《媒介·空间·事件：观看的"语法"与视觉修辞方法》，《南京社会科学》2017年第9期。

④ 白红义：《作为新闻聚像的厦门PX事件：基于三家主流都市报社论的考察（2007—2014）》，《西北师大学报（社会科学版）》2015年第3期。

义的综合图像得以传播。

　　随着互联网群体传播时代的到来，信息传播方式发生改变，信息生产主体日益多元化。传统大众媒体不再是唯一的传播主体，而是与机构媒体、自媒体、个人等多种主体共同构成信息传播生态的组成部分。这些不同的话语主体借助公开表达的网络社交平台，共同参与事件的传播，并以此建构着各自的凝缩图像。最为显性的特征是其表现形式的变化，增加了图像、表情、视频、网络语言等多种表现形式。哈里曼和卢卡斯（Hariman & Lucaites, 2016）将社交新闻聚像所暗含的传播特点总结为五个特征，即：（1）拥有大众熟悉的元素，例如流行的肖像画、新闻照片或者其他传统的视觉景象；（2）表现为一种公民行为模式，即通过抵抗、牺牲以及人文关怀等公民参与行为表达个人或集体意愿；（3）表现为一种符号化的注解，可供个人和集体预测和解释；（4）得以在社会空间展示行为以传达情感；（5）映射反复出现的社会危机和问题。① 这些研究特征表明，网络传播时代，有价值且能够产生社会影响力的新闻聚像必须浓缩了大众熟悉的元素，通过部分传播主体的话语和情感表达得以激发其他社会群体的参与。

　　在这样的社会参与当中，新闻聚像是大众认知新事物、勾勒事件逻辑的出发点，其叙事符号背后所体现的矛盾冲突亦是我们透视当下中国社会问题及主流价值文化的重要窗口。为此，其表现出的积极意义在于可以揭露社会深层问题，包括唤醒稳定的文化主题（如军事力量、爱国主义或战胜逆境）、以过去事实为"道德根基"对政府决策展开批评②，抑或将反文化主题带入主流话语③，甚至发起

---

　　① Hariman, Robert, and John Louis Lucaites. *No Caption Needed：Iconic Photographs, Public Culture, and Liberal Democracy*. Chicago, IL：University of Chicago Press, 2007. 转引自 Mette Mortensen and Hans-Jörg Trenz. *Media Morality and Visual Icons in the Age of Social Media：Alan Kurdi and the Emergence of an Impromptu Public of Moral Spectatorship*, Javnost-The Public, 2016, 23（4）：343-362。

　　② 李红涛：《昨天的历史　今天的新闻——媒体记忆、集体认同与文化权威》，《当代传播》2013 年第 5 期。

　　③ Bennett, W. L. & Lawrence, R. G. News icons and the mainstreaming of social change. *Journal of Communication*, 1995, 45（3）：20-39.

对社会变迁及意识形态的反思与挑战等。

　　然而，在一些研究当中也发现，新闻聚像的传播所引发的负面影响亦同样不容忽视。就网络世界中广泛的参与主体而言，信息传播的自由却也意味着缺乏及时的监管以及群体的无组织性，使得新闻聚像的意义所指、传播方式依据传者目的及传播策略的不同而呈差异化表现。在一些先入为主的解读中若以"熟悉的形象讲述陌生的故事" [1]，很可能会限制事件的发散性，也可能因此遮蔽部分细节和忽略真相。尤其在借历史聚像对"过往"信息的"当下"提取中，既可能无法提供关于过去更为丰富的信息 [2]，也存在各说各话的不稳定性，从而导致最初的意涵被缩窄、歪曲乃至破坏，以致消解公共文化，影响社会道德伦理的教化甚至危及国家政权的稳定 [3]。总体而言，相比于新闻聚像的积极意义，其负面影响更要引起我们的重视。

　　当前，关于新闻聚像的现有研究主要在三个方面：其一是以具体事件为案例的历时性衍变分析，例如土耳其女性谋杀事件从聚像到象征性案例的研究（Asa Elden & Berna Ekal, 2015）、香港前行政长官脱口秀节目中的错误言论研究（Francis, 2012）等；其二，聚像的建构研究，例如社交媒体中利用新闻聚像重建与陌生人的道德纽带及社区关系的研究（Mette Mortensen & Hans-Jörg Trenz, 2016）、精英媒体重新解读以建构并加强环保聚像的持久影响力研究（Perry Parks, 2017）；以及其三，聚像衍变中反思传媒作为及社会影响研究，透过越南战争中逃跑女孩裸体照片的流传，研究发现社会公共文化渐趋低俗，政治、伦理丧失等（Sandrine Boudana, Paul Frosh & Akiba A Cohen, 2017）。相比之下，我国国内研究十分有限，尤其欠

---

① Berkowitz, Dan. Telling the unknown through the familiar: Collective memory as journalistic device in a changing media environment, *in On Media Memory*, 2011: 201–212.

② 李红涛：《昨天的历史　今天的新闻——媒体记忆、集体认同与文化权威》，《当代传播》2013 年第 5 期。

③ Paul Frosh, & Akiba A. Cohen. Reviving icons to death: when historic photographs become digital memes. *Media，Culture & Society*, 2017, 39（8）: 1210–1230.

缺对互联网环境下网络新闻聚像的研究。而事实上，网络中多起社会热门事件的群体参与，已然构成了不同于传统时代的话语特征及传播逻辑，值得我们深入挖掘。

为此，本文以"江歌事件"作为研究样本，意在探寻此类热点事件中新闻聚像的传播逻辑。之所以称其为"江歌事件"，是指囊括了"江歌案件"在内的一切围绕"江歌"产生的话语争议。而选择"江歌事件"，是因为该事件在持续一年多的时间里先后吸引了当事人、专业媒体、网民、网络媒体、自媒体等诸多社会主体的共同参与，同时牵涉对传统道德、人性与现代法治等话题的讨论，作为典型案例具备了新闻聚像的基本特征以及研究群体传播状态的前期基础。此外，由于事件在网络中的持续发酵，本文将新闻聚像的研究进一步拓展为对网络新闻聚像的研究。相比于传统新闻聚像，网络新闻聚像的传播因传播主体的多元而可能浓缩多种话语图像，这些话语图像的演化及其是否勾连着人类社会的某种情感或文化，是我们需要进一步探究的部分。具体围绕个案的剖析，本文的研究问题拟从以下两个方面展开：一是"江歌事件"中的网络新闻聚像表征，它们是如何通过各方主体的建构并进入网络话语场域的；二是这些网络新闻聚像得以传播的原因是什么，体现了何种传播逻辑。

本文选取的资料来源以慧科新闻数据库、新浪微博为主，其中在慧科新闻数据库中以"江歌事件""江歌案""江歌""留日女生"等为关键词进行全文搜索，再逐一查阅、删减；新浪微博以江歌母亲微博（@ 苦咖啡—夏莲）及"# 中国女留学生在日本被杀 #"话题为主，翻阅原创微博及评论、转发内容。时间跨度上，围绕案发至庭审结束定位为 2016 年 11 月—2018 年 1 月。除此之外，综合百度、新浪、凤凰网等大型门户网站以及热门公众号上相关信息为补充资料，以获取相对完整的网络文本数据。考虑到相关新闻数据与网络材料数量庞大，我们无法将其一一呈现。故而，在仔细阅读完整资料之后，选取 2016 年 11 月—12 月（案发期）、2017 年 11 月（庭审前的对峙期）、2017 年 12 月（庭审期）三个时间段中原创首发、转发 / 评论热度高的文本作为本文最终的分析样本。研究方法以文本和话语分析为主。

三、在刑事与道德之间："江歌事件"中网络新闻聚像的演化

2016 年 11 月 3 日晚，日本东京发生了一起中国留学生遇袭事件，在我国引发热议。受害人江歌被闺蜜刘鑫的前男友陈世峰杀害，江歌母亲（以下简称江母）借助微博对案件进行披露。起先，外界并无过多关注。直到 2017 年 11 月《局面》视频的播出才真正引爆全网，一时间围绕事实真相、人物关系以及死刑处罚、道德争议、人情冷暖等话题引发了包括主流媒体、网络媒体、自媒体、网民在内的多方讨论。全网信息量多达 586 万条[①]；作为公众参与讨论的社交平台之一，截至 2018 年 1 月 5 日新浪微博以 "# 中国女留学生在日本被杀 #" 为话题的阅读量达 7.9 亿，累计讨论 12.8 万次[②]。《人民日报》《北京青年报》《南方都市报》《新京报》澎湃新闻等媒体紧随其后，自 2017 年 11 月呈井喷之势，报道量达 594 篇。同时，凤凰网风直播、腾讯、优酷、梨视频等网络媒体，以直播、视频、短视频、图表、图像等各种形式不断对外输出信息。此外，由于案件本身涉及的跨国司法问题，更是吸引了中日两国法律界人士及海外华侨、留学生的关注。他们通过微博、直播、视频等多种渠道参与线上讨论、评论和转发，甚至产生了如声援江母、协助出境、街边倡议等一系列的线下行为。这些不同的参与主体共同构成了关于"江歌事件"的网络全景链条。

在这样一个主体丰富、话语各异的社会热点事件当中，意将探寻网络新闻聚像通过话语实践是否呈现出了不同的阐释路径，以及其各自的话语表征。具体到本文的话语主体分类，下文以事件相关性为依据分为当事人和非当事人，当事人意指江歌母亲、刘鑫，非当事人泛指参与该事件讨论的所有信息主体，按照信息传播的专业化、组织化与否，我们暂且将其分为专业主流媒体和非专业主流媒

---

① 《2017 年全国十大舆情热点事件盘点　江歌案居首》，荆楚网，http://news.cnhubei.com/xw/gn/201801/t4055812.shtml，2018 年 1 月 4 日。

② 引自 https://weibo.com/p/100808334c55a2fb0dc8b4e6312d0f21d4044b#1515155080005。

体。其中，专业主流媒体包括上述《人民日报》《北京青年报》《南方都市报》《新京报》、澎湃新闻等；而非专业主流媒体则包括网络媒体、自媒体、网民等。在进一步的分析路径上，本文以案发时间为起点，就时间顺序对整个江歌事件中的传播主体话语进行逐一剖析。

（一）"异国命案"：刑事个案侦破的常规路径

案发后，国内主流媒体澎湃新闻、国际在线、环球网等对事件进行了报道（见表1）。在为数不多的12篇新闻报道中，可以看到其基本处于刑事案件侦破的常规框架中，围绕"留日女生遇害"的叙述主题，就案发情况、当事人/嫌疑人身份调查、警方侦查进展及案件真相依次予以报道。在叙事的表述上相对中立客观，仅就案件本身释疑。这一阶段的媒体报道并未凸显议题的新闻价值，关注者寥寥。

与之形成对比的是，江母自2016年11月4日凌晨开始在新浪微博上发布求助信息，以受害者母亲的身份呈现的三类话语主题。一是求助信息，借助热门微博/博主连续转发16条相同信息，用以扩散事实、寻求外界帮助。如"我只是一个没有文化的农村妇女，我只是一个失去生命支柱、失去毕生希望的妈妈"；同时，因自身知识的匮乏，就微博转账、国际漫游、律师咨询等问题寻求网民帮助。其次是悲情叙事，通过直抒胸臆的悲情呐喊，"妈妈好想你""妈妈带你回家""为什么要斩断我毕生的希望"等表达丧女之痛。最后是为母则刚的坚定意志，在这样一个悲情丧女的氛围中，江母提出"我要为江歌做好一切事情！我更不能辜负国内外那么多关心帮助我的好心人！所以我不会倒下！"这样为女而活的坚强话语。整个江母的话语叙事里，我们可以看到一位母亲在遭遇重大变故尤其是儿女离世时的直接反应，包括在慌忙的"怎么办"中抒发了内心的绝望，以及对外界关心、鼓励的回应等。

从上述的话语分析中，可以看出这一阶段作为"江歌事件"的网络新闻聚像浓缩为"异国命案"法律议题。这当中，无论是专业主流媒体的新闻报道，还是江母个人的微博呐喊，都处于刑事个案的侦破常规路径当中。也正是因为这样一种常规的报道模式，使得江歌被杀议题在国内并未引起多数人的关注。即便是江母微博也多局限在留日学生和几个熟识朋友间的辅助转发，其转发量、关注度和信息扩散范围明显不足。

表 1 2016 年 11 月—12 月案发期网络新闻聚像的话语表现 ①

网络新闻聚像	传播主体	传播渠道	新闻标题 / 微博话语截取
异国命案	专业主流媒体	澎湃新闻	《视频！一中国籍女子 3 日在东京被刺身亡，目前凶手尚未找到》（11.03） 《视频！中国女留学生在日本被杀，案发前刚同母亲通过电话》（11.06） 《中国女留学生在东京遇害案震动华人社会，警方正寻找可疑男子》（11.07）
		国际在线（CRI Online）	《一中国女子 3 日在东京公寓被杀，目前凶手尚未找到》（11.03） 《中国女留学生在日本被杀 晚归时在家门口遇到歹徒》（11.03）
		环球网	《东京遭砍杀身亡 24 岁女孩为中国硕士留学生》（11.05）
		北京青年报	《中国女留学生在日本被害》（11.06） 《室友首次透露女留学生遇害案细节》（11.09） 《留日女生遇害案告破，凶手也是留学生》（11.25） 《女留学生日本遇害，嫌疑人被起诉》（12.15）
		新京报	《江歌 再也见不到"秋天"的留日女生》（11.07） 《"在日留学生江歌被杀案"凶手会被判处死刑吗？》（11.07）
	江秋莲（江歌母亲）	新浪微博	"我只是一个没有文化的农村妇女，我只是一个失去生命支柱、失去毕生希望的妈妈" "妈妈好想你""妈妈带你回家""为什么要斩断我毕生的希望" "我要为江歌做好一切事情！我更不能辜负国内外那么多关心帮助我的好心人！所以我不会倒下！"

① 表格中专业主流媒体的排序以首次报道"江歌事件"的日期前后排列。

（二）"忘恩负义"：道德滑坡事件的网络群嘲

在案件侦破后的 5 个月里，"江歌事件"几乎没有出现在任何一个媒介信息中。直到 2017 年 5 月 21 日，江母在微博发布《泣血的呐喊：刘鑫，江歌的冤魂喊你出来作证！》一文，再次将事件拉回公众视野。自此，舆论焦点开始转向刘鑫。但真正将此事扩散，进入公众讨论议程的是 11 月 9 日新京报《局面》栏目发布的 25 个视频。视频中，一直不肯露面的刘鑫与江母碰面，一度期盼两人和解的会面却因刘鑫的态度激起公众愤怒。自此至 15 日 13 时仅 7 天时间里，64 万 + 个微信公众号累计发布相关文章 4348 篇，总阅读量高达 4265 万 +，部分推文点赞数更超 10 万。① 以《为闺蜜挡刀而死的江歌，你妈妈终于当面问了那个人：还有良心吗？》《刘鑫，江歌带血的馄饨好不好吃》《刘鑫江歌案：法律可以制裁凶手，但谁来制裁人性？》《江歌，你替刘鑫去死的 100 天，她买了新包包烫了新头发》为代表，再次将社会舆论推至高潮。

如表 2 所示，我们选取了 2017 年 11 月庭审前关注度较高的几篇文章做了进一步的话语分析。从这些言语里可以看到，这一阶段江歌被杀议题不再局限于刑事案件的报道，言辞中几乎没有对犯罪者陈世峰的讨论，而更多地转向了江歌与闺蜜刘鑫、江母与刘鑫之间的"恩怨情仇"。具体而言，即江歌、江母与刘鑫成为"江歌事件"中的两个对立面，围绕案件、人性及"该不该善良"等社会道德争议形成了相对一致的两套说辞。一方面是对江歌、江母的"同情"，对"义士江歌""孝顺江歌"的赞赏与惋惜以及对江母悲情角色的细节描述：江歌是"有着侠义心肠，单亲家庭成长的女生，善良，大气，极富正义感"②；江母"一个人举目无亲却得远赴他国为女收尸，一个人语言不通却得在国外为案件奔波"③，镜头里、照片里的她"紧

①《江歌案刷屏，一周 4349 篇推文，146 篇 10 万 +，我们如何从宣泄走向理性》，清博大数据，http://www.sohu.com/a/204656844_114751，2017 年 11 月 16 日。

②《王石川.江歌被害案，请等等真相》，http://baijiahao.baidu.com/s?id=15843142 66316902174&wfr=spider&for=pc，2017 年 11 月 17 日。

③《陈世峰被判 20 年，江歌案结，可多少人的心结未解！》，网易新闻，http://news.163.com/17/1221/11/D6674GSE000181BT.html，2017 年 12 月 21 日。

皱眉头""低头抹泪"抑或"捶胸痛哭"。另一方面是对刘鑫及其家人的"愤怒"，突出表现为对其的言语攻击中，尤其在《人性再恶，也恶不过刘鑫这样的人，她死一千次都不为过吧？》《"在乎"江歌的刘鑫，你的无耻再度刷新我的三观！》《刘鑫，你的良心被狗吃了》文章中鲜明体现。其中"不配为人""好自为之，因果报应""无赖""凉薄""恶女"的批判与"善良应该得到好报""做人的道德底线"等作为网民的"良心质问"反复出现在各类评论、转发区域，与同情江母之声形成鲜明对比。

总体而言，"江歌事件"在对峙期极致地展现了江家的"善良、痛苦、无奈"以及刘鑫一家的"自私、薄情"，作为道德滑坡争议的讨论掩盖了原本作为刑事案件的报道，此时的网络新闻聚像由当事人、网络媒体、自媒体甚至部分传统媒体共同塑造成"忘恩负义"的道德议题。

表 2　对峙期网络新闻聚像的具体话语表现

网络新闻聚像	新闻来源	新闻标题	话语描述	
			江母/江歌	刘鑫
忘恩负义	江母微博	《泣血的呐喊：刘鑫，江歌的冤魂喊你出来作证！》	江歌：夜晚等待两个多小时；瘦弱身躯；善良、懂事、热心、相处融洽	阻断江歌逃生之路；不回信息；没有提供帮助；威胁；拉黑；不出席追悼会；不感恩，对待仇人一样
	《局面》	《迟到294天的见面3分钟了解双方恩怨》（预告片）；《刘鑫有责任来面对我》；《她消失了三百天 我心寒啊》；《门有没有被反锁？我有证据》；《回忆与江歌往事感激"三叔"》；《如今不敢出门活得很痛苦》……	江歌：收留、帮助、照顾刘鑫，被错杀 江母：紧皱眉头""低头抹泪""捶胸痛哭"	刘鑫：将门反锁，断了江歌逃生之路；没有参加追悼会；不见江歌妈妈，且拉黑对方；不配合警方；辱骂"江歌命短"；撒谎行为 刘鑫：悔恨；没勇气；感激

网络新闻聚像	新闻来源	新闻标题	话语描述	
			江母 / 江歌	刘鑫
忘恩负义	澎湃新闻	《留日女学生江歌遇害311天：一个母亲的"爱、恨、执"》	江母：绝望，凌厉，坚忍，疼痛，愤怒	质疑、猜测、谩骂
	新闻哥	《为闺蜜挡刀而死的江歌，你妈妈终于当面问了那个人：还有良心吗？》	江歌：与人为善，为刘鑫出头 江母：痛苦，无法走出	避而不见；出言不逊；凉薄；威胁；恶语相向
	东七门	《刘鑫，江歌带血的馄饨好不好吃》	江歌：善良，雪中送炭，家破人亡 江母：无助	好"闺蜜"，冷漠
	咪蒙	《刘鑫江歌案：法律可以制裁凶手，但谁来制裁人性？》	江母：克制，善良之争，颠覆人性	装无辜；微博开撕；毫无愧疚；毫无敬畏
	她刊	《江歌，你替刘鑫去死的100天，她买了新包包烫了新头发》	江母：痛哭，无奈，绝望 江歌：挺身而出	开心，迎接新生活；恶毒的谩骂；振振有词，理直气壮；自私、凉薄
	抢先电影院	《江歌案等来了道歉，但刘鑫得不到我们的原谅》	/	游离法外的恶；自私、不诚恳、虚假、狠心

（三）"司法正义"：刑事案件的舆论回流

2017年12月案件步入庭审阶段，专业主流媒体开始发声，呼吁公众理性参与、回归事实本身，新闻报道框架重回刑事案件的讨论。此时，司法审判、法治、正义话语成为报道核心。以《新京报》《南方都市报》澎湃社论为代表，诸如"汹涌的舆论夹杂着太多背离法治轨道的做法……基于事实，正义才不至于被单方面的信源迷惑，也只有尊重正当的程序，法治才不至于被非理性的情绪带跑"①。"无法苛求遇害者家属的情绪表达，对于司法案件之外的另一场道德和人性，舆论有必要贡献'了解之同情'，尽可能呈现中立客观的思考。"②"只有公正的审判，以及严肃报道，才能将这起事件从口水中打捞出来。让苦难者看到公正，让愤怒者得到安慰，让'江歌案'回归法律本身，而不是淹没在无休止的煽情、迎合中。"③这些话语在肯定公众前期朴素正义的话语论调之时，也指明了司法正义、程序正义的重要价值，试图将公众视野重新拉回对案件本身及司法审判的轨道上。"司法正义"成为这一阶段网络新闻聚像的核心议题。

总体而言，这起异国命案由多个信息生产主体共同参与，在持续一年多的时间里从个体孤鸣到引爆网络，历经"刑事案件—道德事件—刑事案件"的发展路径，分别建构了"异国命案""忘恩负义""司法正义"三类网络新闻聚像，其所关联的社会情感、人性讨论、道德伦理使其最终成为持续热议的公共话题。从这一层次看，相比于传统新闻聚像的传播，群体传播时代网络新闻聚像显然兼具了几个新的特征。一是网络新闻聚像的流动性和不稳定性。体现在事件发生的不同阶段以及对事件作出阐释的人的不同，导致最终呈现的新闻聚像的差异化，即便在同一个发生阶段也可能因传播目的的不同而不同。二是网络新闻聚像的复合性。同一事件当中往往包含多个浓缩符号，它们并非单独作用于社会或出现在新闻报道框架当中，而可能是同时出现。三是网络新闻聚像的目的性和策略性。网络新闻聚像的凝练和传播与信息传播者的使用目的和传播策略有关，例如"江歌事件"中当网民群嘲刘鑫时凸显的话语指向"忘恩负义"，而当主流媒体开始引导舆论回归刑事案件时，"司法正义"则成为主导框架。这一点也决定了网络新闻聚像所具有的选择性

---

① 温文：《江歌案，朴素正义感莫被情绪带偏》，《新京报》2017年11月14日（A02版）。

②《江歌之死：舆论介入宜抱持冷静与克制》，《南方都市报》2017年11月14日（A02版）。

③《让"江歌案"回归法律》，澎湃社论，https://www.thepaper.cn/newsDetail_forward_1864735，2017年11月14日。

特征。

那么这些角度各异的浓缩符号究竟是如何产生及传播的呢？下面我们将就网络新闻聚像得以传播的逻辑作进一步的探索和分析。

四、共情与众怒：网络新闻聚像得以传播的情感逻辑

班尼特和劳伦斯曾就新闻聚像的传播路径总结为三个阶段：第一个阶段是其第一次出现在新闻故事中，之后通过大众媒体的再生产，得以跨越新闻边界而进入评论、戏剧、艺术、戏剧或其他流行文化领域；第二阶段，在信息的再生产过程中，它们承载着公众的想象力，揭示了更大的社会议题和悬而未决的社会问题，之后随着戏剧性和商业价值的挖掘，促使不同的社会群体策略性地使用、激活、建构成特定议题，以延续聚像的故事并公开表达不同的观点；到第三阶段，新闻聚像被用于简单的语句或视觉所指中，成为一个独立的象征性决定瞬间，并由新闻报道者将其引入其他不同类型的叙述框架中。这一实践打破了叙事边界，并以此开辟新的主题，勾连其他孤立事件或引发历史反思。[①]反观江歌事件，其由个案扩散为群体讨论的过程也经历了三个阶段。第一阶段从案发到次年11月，事件完成了从刑事框架向道德框架的转变，各大平台就事实真相与人性道德、社会正义等问题展开热议。第二阶段，随着所谓"内幕"的持续爆料，承载公众想象力的各种案情揣测和虚假谣言持续传播。直到专业媒体的出现，事件转入第三阶段，对真相的深挖与网络舆论的纠偏，使得司法正义、暴力反思以及人性之善等话题重新引入。与此同时，"忘恩负义"成为脱离事件本源的独立凝缩符号出现在其他新闻报道当中，如河北李俊杰案。

从上述分析可知，网络新闻聚像的传播、演化及凸显与事件的参与主体有关，一方面体现了它们对新闻聚像意义建构的能动性与自主性；另一方面也因传播主体的多元化，蕴含了复杂的群体信息选择偏好，也自然导致了差异化的传播逻辑，但究其本质仍是借话

① Bennett, W. L. & Lawrence, R. G. News icons and the mainstreaming of social change. *Journal of Communication*, 1995, 45(3), p. 26.

语传达以实现传者意图，是表达"所指"与"意指"之间的阐释逻辑。那么，在江歌事件中这些浓缩符号的演化体现了什么样的传播逻辑呢？在进一步的研究中，我们发现了基于共情和众怒的情感逻辑。

（一）共情：传统母性、弱者同情与知恩图报的情感驱动

隋岩教授在研究群体传播时曾指出，那些"迎合时事热点、社会心态与大众趣味的个体表达更容易与网民形成互动与对话，从而在跨越阶层与群体的热议中实现社会化传播"[①]。其中，社会心态与公众情感相连，作为一种情感的共鸣影响着社会事件的传播。为此，我们将这种情感上的共鸣称之为"共情"，是公众"通过想象自己处于他人境遇的体验"[②] 所产生的社会情感。这种情感往往基于共同的社会认知和情感记忆，在一段时期里由社会事件刺激产生，在互联网时代由于信息的公开透明和个体传播的赋权而尤为频繁。江歌事件中，共情是信息得以传播、事件得以扩散的基础，导致个体情绪在群体之间蔓延并以感同身受的情感体悟相互传染。具体来说，共情对其网络新闻聚像的传播主要体现在以下三个方面：

其一，对传统母性情感记忆的唤醒。母性情感来源于我们中国传统亲情情感体系中的"孝悌""爱幼""母慈子孝"等元素，是血缘关系之下无法割舍、牵绊一生的情感。在江歌事件的描述中，江母不仅是一位母亲，还是一位离异独自带大江歌的坚强女性，年轻时曾遭遇"失败的婚姻"，江歌被丈夫嫌弃，但女儿仍然是"她的骄傲"并"倾尽所有"地培养。出事后的江母在"万家灯火萦绕，喜气洋洋的团聚之日"，"却只能看着自己孩子的照片痛哭"。[③] 这些不幸的生活片段所积累的是公众对江母失独的同情以及内心深处被感召的母

① 隋岩：《群体传播时代：信息生产方式的变革与影响》，《中国社会科学》2018年11月。

② Coxon K.Empathy, Intersubjectivity and Virtue. Dissertationfor Master of Arts. Department of Philosophy. Dalhousie University, 2003, pp. 1-130.

③《江歌，你替刘鑫去死的100天，她买了新包包染了新头发》，她刊，https://m.sohu.com/a/203919241_600636/，2017年11月12日。

性情感。另一方面，江歌微博中对母亲的情感牵挂从"儿女"的视角再次加强了这种母性情感，"从没有好好地照顾好秋天""秋天，我很抱歉今天又没有好好地控制自己的脾气"[①]"明白读书就是为了改变命运，只想多积累经验，早点回去陪妈妈"[②] 等。

其二，对弱者的悲情叙事激起公众维护弱者的保护欲。同情弱者、爱护弱小这样的观念在强弱力量对比时，公众的朴素正义感被唤醒而往往天然地会选择帮助弱者。这样的现象在"男—女""年轻人—老人""富人—穷人"等社会身份的对比中尤为明显。江歌事件中，江母作为受害者的母亲被公众认定为"弱势的一方"，其孤身赴日处理女儿后事，"举目无亲""语言不通"，之后"除了江歌的事，对什么都不关心"，亦"无心打扫""作息混乱"；即便在曝光刘鑫一家信息被质疑侵犯他人隐私时，也在"无奈之举"的维护说辞中得到了"理所当然"的原谅。这些人物情感、行为的描述不仅体现了传播主体的情感倾向，更通过对弱者的悲情叙述激起并强化了公众的同情，从而产生了情感维护的一边倒现象。

其三，对忘恩生仇这一非常态现象的情感激愤。"忘恩生仇"意指对他人恩情的枉顾而形同仇人一般，是"知恩图报"的反义。"知恩图报"来源于中国的传统文化观念和价值取向当中，"沉淀在中华民族的集体记忆中，成为中华民族性格特征之一。忘恩负义、恩将仇报，是令人深恶痛绝的行为，会激发人们义愤填膺的强烈情感"[③]。类似的还有诸如"滴水之恩，当涌泉相报""结草衔环""投桃报李"等，均彰显了社会交往过程中"知感恩""念回报"的处事规则。而这样一个千百年来默认的处事规则，在江歌事件中并未得到凸显。

相反，我们看到的是一再置身事外的刘鑫以及来自刘家的咒骂、讽刺和威胁，"对待救命恩人不但不感恩"反而"如同仇人一

① "秋天"意指江歌的妈妈。
② 《江歌，你替刘鑫去死的100天，她买了新包包染了新头发》，她刊，https://m.sohu.com/a/203919241_600636/，2017年11月12日。
③ 曾庆香、李秀莉、吴晓虹：《永恒故事：社会记忆对新闻框架和舆论爆点的形塑》，《新闻与传播研究》2020年第1期。

样"①的非常态现象引起了公众的愤慨。亦正如文章所写"我们从来没有指责她的恐惧，我们恨的是她能像个没事人一样将自己与这件事彻底隔离"②。如果说江歌帮助闺蜜脱困被解读为"有情有义"，那刘鑫的置身事外、言辞闪烁则是"无情无义"、不知感恩的自私行为。这样的行为加剧了公众情感倒向的速度，强化了公众对江母弱势身份的同情与支持，也激化了公众对刘鑫的集体愤怒。

（二）众怒：推己及人的道义观站队和社会反思

江歌事件中，传统母性、弱者同情、知恩图报等社会情绪的共享，激活了公众对"道德、义理"等是非观念的评判，反映了"人们心底朴实而纯真的良善底线和共识"③，却也直接导致了公众愤怒情感的迸发。作为人类情感之一，愤怒情感"往往被人们看作是导致网络上冲动、非理性、病态行动的根源。事实上，在人们走向实际行动、调整行动策略的过程中，发挥着重要的激发和动员作用，更为重要的是，在一定的议程设置和公共指引下，它还能够帮助人们在行动中回归理性，让行动者互传善意"④。这一点，指明了愤怒情感所带来的积极作用。我们同样发现了类似的情况，即公众信息传播的行为得以主动参与、浓缩的网络新闻聚像得以传播，众怒起到了重要的推波助澜作用。其具体表现在以下两个方面：

一方面，众怒引发了公众道义观的站队行为，却也在推己及人中传播了善念。从这个意义上来说，社会思想道德、人性品格的教育成为了江歌事件所带来的附加价值。"她为你挡刀而死，你却消失一年"；"即便是个普通人，在遭遇这样的事件后也不可能置身事外，更何况是曾经的闺蜜"；"如果善良的结果是生命被无辜地践踏，那

① 《江秋莲.泣血的呐喊：刘鑫，江歌的冤魂喊你出来作证！》，新浪博客，https://weibo.com/p/2304181534226ef0102x06z?sudaref=www.baidu.com，2017 年 5 月 25 日。

② 《江歌案等来了道歉，但刘鑫得不到我们的原谅》，抢先电影院，https://www.sohu.com/a/204776466_772209，2017 年 11 月 16 日。

③ 温文：《江歌案，朴素正义感莫被情绪带偏》，《新京报》2017 年 11 月 14 日（A02 版）。

④ 卞清、高波：《从"围观"到"行动"：情感驱策、微博互动与理性复归》，《新闻与传播研究》2012 年第 6 期。

还能用什么来教育下一代什么是对错"等种种说辞，都在强调超脱于案件本身的对"人性之善"的讨论，其由个案俨然已经成为了关乎"每一个稍有良知的人"的集体事件。袁光锋在讨论江歌案中的"愤怒"情感与社会正义时也同样阐释了网民通过表达愤怒维护了社会道德秩序的观点，并指出他们在愤怒中对"相关事件和当事人进行道德评价，以此重构了变迁社会中的道德观念和秩序"[①]。

另一方面，众怒推进了现代法理与道德观念的反思。换句话说，倘若仅仅停留在案件本身及案发细节上，或许还不足以成为持续热议的网络新闻聚像。江歌事件中，网络舆论并不止步于对人性之善的讨论，而试图从人性与道义角度切入现代法治问题，甚至产生了对中国司法正义的省思。"如果善良者的能力不足以保护自己，如果社会互动和社会机制不足以惩罚极端利己主义者，那么终将有一天，我们的善良，也会慢慢毁掉我们。"[②] 由此，"这让我们从更大的范围反思法律。现代社会无疑是法治社会，依靠法律保护公众权利、实现整体的正义。法律是实现正义的基本途径，但并不是实现正义的全部，还需要用公序良俗、舆论监督和非正式制度来对法律的作用形成补充，以更大程度地捍卫正义"[③]。从这个意义上讲，江歌事件已不再是简单的刑事犯罪个案，而是中国现代社会转型期间一个兼具道德与法理争议的重要注脚。

总体而言，"江歌事件"中网络新闻聚像得以传播是基于情感逻辑的共情与众怒而生。一方面网络社交平台的群体参与与弱者悲情叙事中的母性情感，为事件的发酵与持续讨论奠定了基础。另一方面，是对常识性认知的颠覆，为公众参与提供了情感迸发和话题延展的可能。也就是说，他们从"知恩图报"的常识认知里看到的却是"忘恩负义"的现实境况，颠覆了社会普遍的道义认知，促使事件

① 袁光锋：《"众怒"的年代：新媒介、情感规则与"愤怒"的政治》，《国际新闻界》2020 年第 9 期。

② 于敏：《江歌案：我们都自私，但仍然可以善良》，光明时评，http://guancha.gmw.cn/2017-11/15/content_26797907.htm，2017 年 11 月 15 日。

③《江歌案为何变成江歌刘鑫案？法律事件与道德事件发酵》，闽南网，http://hangzhou.fangtoo.com/zixun/info/8-44-n373721.html，2017 年 11 月 15 日。

在"友谊与背叛、重情与寡义"之间产生争议。这些道德情感的冲击，激活了众人共享的传统情感记忆，也因而具有了持续的话语张力。此外，夹杂着争议的社会情感，在"同情"与"愤怒"的叙事中走向"正义""理性"与司法正当性等现代法理文化，亦将事件推向了全民监察的舞台。诚然，合理的"愤怒"有助于争取社会公正①，维护弱者利益，促进社会公共讨论，但过度的众怒也可能带来话语暴力和行为的偏差，对当事人造成伤害，如私人信息的曝光对刘鑫一家日常生活的困扰等，这是需要我们警醒和反思之处。

五、结语与讨论

与一般的网络热议话题相比，网络新闻聚像凝聚了公共情绪及社会深层问题，通过群体间的交流碰撞而更具生命力，成为超越事实本身的浓缩符号；这一浓缩符号在唤醒社会情感记忆的同时勾连当下，促成了对现实社会问题的反思与重构。可以说，网络新闻聚像的传播与价值反哺对引导社会舆论、凝聚社会共识具有重要作用。鉴于此，本文选取"江歌事件"作为分析案例，试图通过个案发掘群体传播时代网络新闻聚像传播的逻辑共性。研究发现，互联网群体传播为事件的发展及扩散提供了话语基础，借助情感共鸣在刑事与道德框架之间浓缩出"异国命案"、"忘恩负义"和"司法正义"三类网络新闻聚像。其中，作为孤立发声的弱者，以悲情叙事出发，借助扎根于中国传统文化土壤的"亲情"与"母性"诉求获得网络舆论的支持；非专业媒体沿着道义、同情等话语脉络推己及人，将地方刑事个案扩展为"人性与道德"的争议，推动网络舆论的进一步发展；专业媒体的介入则划分了朴素正义与话语暴力的界限，理性呼吁促成了司法的回归。在这些话语表现的众生相中，共情与众怒成为推动网络新闻聚像传播的情感逻辑。

此外，我们也发现网络新闻聚像所浓缩的象征符号也常常作为

---

① Linklater, A. Anger and world politics: how collective emotions shift over time. *International Theory*. 2014, 6(3), pp. 574–578.

新闻模板（media templates）^①成为介入其他新议题的"引子"，这是其生命力延续的基本逻辑。在新的议题中，新闻聚像所指向的意涵既是公众理解、认知事实的基础，却也可能带来些许弊端。尤其在无组织化、去中心化的群体传播过程中，个体在延续旧有认知的基础上看待新事物，极易造成思维的刻板与固化；其次，被运用的浓缩符号，在放大个别细节的同时可能导致集体信息接收的偏差以及谣言的传播，以致社会舆论导向的错误。这些并不利于现代共识的凝聚以及社会问题的有效解决。此外，新闻聚像的产生本身即带有偶然性，既与参与者本身的认知水平及话语策略有关，也因当时社会文化生态而不同。纵观历史，那些能够成为新闻聚像的"模板"大多嫁接于多数人的利益之上，同时必然与民主、权利等重大社会话语有关，如孙志刚事件、厦门 PX 事件。显然，这样的事件并不多，而我们要探寻的是，这些事件背后具有普适意义的总体规律与运作机制。

最后，群体传播时代彰显了互联网全民参与的盛况，是新闻自由发展的必然结果，也是媒介技术变革与现代文明演进的结果^②；但其仍旧离不开主流媒体的介入与引导。即便传统行业日渐式微，利润下滑、员工离职、认同感降低、自主空间缩窄等问题频现^③，但仍旧有一批传统媒体及专业媒体人在坚守与变革。江歌事件中，我们看到澎湃新闻、《局面》、凤凰网等专业媒体结合网络技术的独家深度报道，还原事实真相；李淼、王志安等职业媒体人亲赴现场，时刻跟踪报道；以及《人民日报》《中国青年报》、人民网、新华社等党媒在舆论嘈杂、网络暴力之时的及时介入，引导舆论回归事实等。如此种种，一方面说明了传统新闻业与职业媒体人对网络技术的主动接纳与积极运用，直播、短视频的融入预示着传统报道方式的转型以及新闻业转型机遇的到来。另一方面，在相对自由与意见纷呈

101

---

① Kitzinger, J. Media templates: patterns of association and the (re) construction of meaning over time. *Media*, *Culture & Society*, 2000, 22 (1): 61-84.

② 李春雷：《媒介技术与现代文明的演进逻辑》，《探索与争鸣》2020 年第 6 期。

③ 张志安、曹艳辉：《新媒体环境下中国调查记者行业生态变化报道》，《现代传播》2017 年第 11 期。

的互联网中，仍旧需要新闻专业主义以一个理性、客观、中立的协调者角色追寻事实真相，"引导公众的兴奋点和讨论议题；以自己理性的言论，批评有悖公共交往规范的言说行为，以维护开放的公共论坛秩序"[①]，重新统合社会意识，这一点是非职业新闻传播者无法完全做到的。

① 潘忠党、陆晔:《走向公共：新闻专业主义再出发》,《国际新闻界》2017年第10期。

■ 李　镓 ①

关系网络视角下舆论内容生产的风险过程：从主体交往到文本间性 ②

（广东财经大学人文与传播学院，广州，510320）

【摘　要】风险媒介化进程中社交媒体的舆论内容生产过程发生变化，主体交往关系中交织着信息舆论风险属性。本研究通过关系网络视角深度挖掘舆论内容生产的风险过程，文章指出关系嵌入成为当下舆论主体交往的基本原则，舆论主体基于"关系逻辑"展开了文本流动，"互动关系"成为舆论演化的动能。其次，微信书写、转发、截屏等文本裂变过程呈现了"在之间"的舆论生产，微信中的舆论内容生产风险叙事具有文本间性，并产生更多互文风险。把握舆论本体从交往互文到风险裂变的生产节奏能够增加舆论生产研究的理论含义。

【关键词】舆论；风险；关系网络；文本间性

2020 年初新型冠状病毒肺炎疫情爆发，疫情信息在全球范围内

---

① 作者简介：李镓，广东财经大学人文与传播学院财经新闻教研室主任，讲师。中国新闻史学会计算传播学会会员，《媒介文化》辑刊编辑部成员。主要研究领域：新媒体研究、城市传播。

② 本文系国家社科基金重大项目"提升面对重大突发风险事件的媒介化治理能力研究"（21&ZD316）的阶段性成果。基金项目：广东省普通高校新冠肺炎疫情防控专项"关系网络视角下新冠肺炎疫情舆论内容生产机制研究"（编号：2020KZDZX1096）。

生产和传播，信息大集市模式带来风险的交错叠加且面临无序和失控①。疫情信息现象敦促研究者重思舆论生产过程和风险阐释。舆论侧重内容生产与表达，充满观点、态度和情绪性的话语张力，对网络舆论主体和舆论内容是关注的重点。舆情则着力于信息的分析和监测，并和受众的媒介使用行为习惯结合导向"治理"目标，重大舆情引导的本质是意识形态之争②。"作为结果的网络舆论"更加直观地反映出真实民意，"作为过程的网络舆论"则更加积极地保障公众表达③，二者惯用实践有差异性④。但在信息高度交融媒介化社会互动和交往以及自我表达深度潜入在各个层面和各个信息或扩散行为习惯之中，原先更侧重媒体意见的舆论和民众意愿的舆情交融渗透。⑤因此本文并不刻意区分舆情或舆论的概念边界范畴，而是将重点落在充满社交媒体时代舆论生产过程的风险性。通过把握当下舆论信息生产本质，进一步揭示风险社会下传播主体交往关系中交织的信息舆论文本的风险表征。

网络时代的舆论信息大多由带有情绪性和强烈态度的"意见"表达组成，而表达形式、表达平台随着不同网络平台的繁荣、隐去发生转移，从跟帖式论坛到博客、微博，如今在微信空间中得以生成和阐释。早前微博反腐舆论就是基于主体关系的微博用户经过互动形成舆论⑥，而且微博负面情绪与微博评论和转发数之间也关系密切⑦，

---

① 方兴东、谷潇、徐忠良：《"信疫"（Infodemic）的根源、规律及治理对策——新技术背景下国际信息传播秩序的失控与重建》，《新闻与写作》2020年第6期，第35-44页。

② 李春雷：《问题、治理与价值：重大公共卫生事件中的舆情引导》，《青年记者》2020年第22期，第66-68页。

③ 张志安、晏齐宏：《网络舆论的概念认知、分析层次与引导策略》，《新闻与传播研究》2016年第23期，第20-29页、第126页。

④⑤ 杨斌艳：《舆情、舆论、民意：词的定义与变迁》，《新闻与传播研究》2014年第21期，第112-118页。

⑥ 邓秀军、刘静：《主体关系视域下微博反腐舆论生成中的用户行为模式研究——基于对新浪微博"表哥"事件的社会计算分析》，《新闻与传播研究》2013年第20期，第82-94页、第121页。

⑦ 刘丛、谢耕耘、万旋傲：《微博情绪与微博传播力的关系研究——基于24起公共事件相关微博的实证分析》，《新闻与传播研究》2015年第9期，第92-106页。

这表明社交媒体的舆论生产主要由基于关系网络结构的主体交往和互动形成。换言之，社交媒体成为舆论风险场域，且无法回避基于关系网络下的用户主体之间的互动和交往。因此本研究主要钩沉关系网络视角下的舆论内容生产过程，并着重分析微信舆论生产和传播中的风险过程。

一、社交媒体舆论内容生产的背景：风险以及风险媒介化

风险指向了某种由现代化本身引发的危害与不安全的方式。[①] 由于整个社会对不确定性的关注与日俱增，形成了风险共同体（Risk community）的发展。[②] 从"风险"一词的出现到概念的形成，至其渗透到各个研究领域，说明风险在社会以及社会结构和社会关系中的举重若轻。[③] 金（Zinn）认为在风险的社会学研究领域主要有五个发展比较成熟、影响较大的理论流派[④]：风险社会理论的主要焦点是知识及其局限，而系统理论则指向一种总体的整合理性的普遍缺乏，文化视角关注社会价值观对社会认同的建构作用，而规治视角则在一个权力和统治框架中建构风险理论，边缘作业视角集中于冒险中积极情感的投入。[⑤] 贝克解释过知识越多越可能把复杂的社会行动分解成各组成部分，逐步形成了一个知识依赖型的社会，通过全球性重建和社会制度的重构而被协调。往往风险专家回答的问题并没有切中要害，没能安抚民众的焦虑。[⑥] 吉登斯继续贝克的研究，对风险进行了区分，如外部风险和人造

---

① Beck, U.. *Risk society: Towards a new modernity*, London: Sage, 1992, p. 21.

② ［英］大卫·丹尼：《风险与社会》，马缨、王嵩、陆群峰译，北京出版社2009年版，第7页。

③ 周志家：《风险决策与风险管理——基于系统理论的研究》，社会科学文献出版社2012年版，第6-30页。

④ Zinn, O. Jens. "A comparison of sociological theorizing on risk and uncertainty", In: Jens O. Zinn: *Social theories of risk and uncertainty*. Malden: Blackwell, 2008, pp. 168-210.

⑤ 周志家：《风险决策与风险管理——基于系统理论的研究》. 北京：社会科学文献出版社，2012: 34.

⑥ ［德］乌尔里希·贝克：《风险社会》，何博闻译，译林出版社2004年版，第30页。

风险。人造风险是在技术、科学和不断发展的世界知识的影响下产生的。①

从贝克和吉登斯有关现代性风险出发，媒介研究学者试图探寻媒介化社会中的新问题和新风险，并且注意到了媒介传播对社会生活的全方位覆盖和媒介影响力的全方位渗透。其中"媒介化风险"是从技术对日常生活的控制角度出发，批判媒介化社会的有关媒介的风险问题，包括媒介依赖症、新媒介技术对人世界的入侵和对现实环境的异化、对真实空间的侵蚀。②媒介化所成立的基石——技术，也会带来风险，或者本身就是风险，甚至加剧风险，抑或是带来新的风险。媒介化风险体现为两个方面：一是传媒本身无中生有地挑起风险，制造社会恐慌或混乱；二是传媒在传播既有社会风险过程中，有意识地扩大或缩小，成为风险的参与制造者。③媒介化风险既是风险社会本身的产物，是对媒介在日常生活渗透的反思与批判，更加侧重媒介环境的变迁呈现出的时代特征。

但当风险社会与媒介化社会融合时，风险也开始被媒介化了。这其实是指风险议题如何在媒介化社会中进行传播和扩散④，风险媒介化是彰显这一过程的更为准确的概念，它不是从技术角度出发的，而是基于风险传播的方式和机制变化提出的。在风险社会中，风险的实际应用性已经超越了地缘政治的边界。以环境风险为例，在媒介化社会的环境问题和环境污染信息传递已经脱离了地域限制，通过大众媒体和新媒体进行更大的扩散与传递，造成了更广泛的媒介影响力。媒体对风险传播带给人们的风险感知具有极大影响。媒体报道的风险传播质量关乎人们对风险的直接感知。而舆论

---

① ［德］乌尔里希·贝克：《风险社会》，何博闻译，译林出版社2004年版，第35页。

② 刘丹凌、赵娟娟：《对媒介化社会的批判与反思——基于媒介环境学的视角》，《学术论坛》2014年第37期，第101—105页。

③ 庹继光：《拟态环境下的"媒介化风险"及其预防》，《西南民族大学学报：人文社会科学版》2008年第29期，第102—104页。

④ 王朋进：《风险的媒介化和媒介化风险》，《青年记者》2013年第3期，第59—60页。

风险的显性表征在于信息如何影响公众的风险感知,在放大或者降低风险过程中是如何作用的。信息传播过程中衍生出的拟态风险一定程度上加剧了感知结构的紧张[1],舆论信息的表现形式能够影响风险感知程度,VR 视频能够显著增强受众对风险后果严重性的认知。因此媒介的叙事功能是影响受众风险感知的一个重要因素。[2][3]经过媒体中介的风险,可能会存在风险传播的扭曲和误解,被"媒介化"的风险信息可能再次带来新的风险。[4]这揭示的是风险传播的方式和内容对于媒介的依赖,也是社会主体的接触和讨论风险议题时无法忽视的传播与社会背景。

"媒介化"充分展现了在现代社会里文化和社会变迁与转型过程中媒介以及中介传播的作用与影响。不仅仅是媒介对于日常生活实践的渗透,也包括从整体角度来看对社会、文化系统的相互作用与影响。媒介化一方面反映了媒介和传播的变化,另一方面反映了文化与社会的变迁。[5]在一般的约定俗成层面的社会交往语言和文本取决于隐含假设、社会习惯、文化规则、各种一致性、经过训练的或者传统以及教育。社交媒体的日常实践与交往也正在驯化使用者默认使用说明、隐私条款、解读符码的视角以及媒介语言机制规则。但本文引言中所指涉的舆论一旦由生产进入流通环节且在生产空间和网络圈层中自由穿梭,则可能陷入失序和混乱局面导致舆论"熵"

---

① 李春雷、陈华:《自然灾害情境下青年群体的风险感知与媒介信任——基于对台风"山竹"的实证研究》,《现代传播(中国传媒大学学报)》2020 年第 3 期,第 47-51 页。

② 周敏、侯颗、王荟萃、兰美娜:《谁才是风险的"放大镜"?——一项关于不同视觉媒介可视化方式对受众风险感知影响的实验研究》,《新闻与传播研究》2018 年第 25 期,第 34-48 页,第 126-127 页。

③ 张淑华:《节点与变量:突发事件网络"扩音效应"产生的过程考察和一般模式——基于对"鲁山大火"和"兰考大火"的比较研究》,《新闻与传播研究》2016 年第 23 期,第 60-76 页,第 127-128 页。

④ 马凌、姜蕾:《媒介化社会与当代中国》,复旦大学出版社 2011 年版,第 103-105 页。

⑤ Hepp, A.. "The communicative figurations of mediatized worlds: Mediatization research in times of the 'mediation of everything'", *European Journal of Communication*, 2013, *28*(6), pp. 615–629.

不断积累，虽然动态化设计严密的整体性规则体系能够建立舆论生态的有序性①，但是舆论治理论和风险管理论同样基于社会心理的可控性这一理想型前提，而非实然层面的考究。

二、关系嵌入：舆论内容生产主体的交往与演化

关系社会学和社会网络分析法给予研究舆论内容生产和传播的驱动力提供了启发。社会学提出"关联起来的状态、属性在不断变化的关联中才能被理解"奠定了关联行动（transaction）以及关系社会学的脉络。② 皮耶尔保罗·多纳蒂（Pierpaolo Donati）认为关系是从行动者的相互作用和交互作用中涌现出来的，是不可分割、不可还原的涌现物。社会学研究的基本分析单位就应该是这种涌现出来的关系，即成对，而非个体。社会由人与人创造的关系构成，并在关系中涌现出社会的特征、权力、秩序等。③ 克罗斯利（Nick Crossley）也认为应该关注不断演化和动态变迁的互动和关系之网，他断言关系是相互作用的生活轨迹，是在相互作用的历史中建立起来的，并呼吁社会学家应该关注互动和关系的进化和动态网络，其中包含的许多关键概念和关注点，例如身份、权力、交换和意义。④ 学者们常以社会网络分析法中的"结构洞"作为舆论研究的重要手段，直指关系自身的型构提供了舆论演变的动力。反观舆论的结构和生产过程，其本质上就是一种权力话语的对抗，通过群体性传播试图以多数达到聚众效果来反抗事件或社会现象中的不平等遮蔽与压制。全球网络舆论生产与传播问题更凸显了全球物质性网络节点的权力失衡且具有不确定性。

① 陈龙：《舆论熵的控制与防范：一种关于网络治理的认识方法论》，《新闻与传播研究》2018 年第 25 期，第 65-80 页，第 127 页。

② Emirbayer. "Manifesto for a Relational Sociology", *American Journal of Sociology*, Vol. 103, No. 2, The University of Chicago Press, 1997, pp. 281–317.

③［意］皮耶尔保罗·多纳蒂：《关系社会学：社会科学的新范式》，刘军、朱晓文译，上海：格致出版社 2018 年版。

④［英］尼克·克罗斯利：《走向关系社会学》，刘军、孙晓娥译，上海：格致出版社 2018 年版。

（一）关系嵌入是当下舆论主体交往的基本原则

最能凸显网络信息互动"关系"的概念是"连接"，人与人的连接的演变作为互联网发展的重要线索，同时也是互联网的内在法则。连接模式满足人们的社会关系需求。[①] 互联网为基础的信息时代技术发展是在各种"关系"的建立方法和价值挖掘基础上的，称互联网技术为"关系技术"[②]，基于此扩展的活动场景建构了平等互动、共享的新型关系与新情境。尽管关系属性不断摇摆，过度连接亦带来负载感，但是关系的激活促进互联网媒介技术的演变。技术演化使得关系重组，亦给技术去中心化赋能，一方面能够某种程度上松解制度板结化带来的社会议题讨论和气氛压抑，同时舆论热点被更多关系节点中交织、叠置而成，舆论的生产机制中主体话语发生转向，大量的隐喻和修辞等舆论的结构性表征也不断呼应着新媒体逻辑和原则。

（二）舆论主体基于"关系逻辑"展开文本流动

网络舆情研究擅长将事件或类型的极群现象作为板结整体分析，而实际情况是在舆情内容生产过程中带有可复制性和一定节奏性的信息文本借由网络中人与人的连接模式，像人体中的毛细血管一样借助"关系"流动、演变，继而形成舆论演化的动脉机理。一方面是舆论主体互动关系核心的影响，也是技术对人作用的深层机制。21世纪前十年的舆情和舆论内容生产由话语互动占据，产生大量的话语权争夺研究，在中观层面的话语博弈方一般区分为官方舆论场和民间舆论场，或者三分为政府、媒体、民众话语方。2013年微信使用逐渐在中国大陆普适化，舆论讨论和激化的平台开始依赖、侧重社交属性的互动连接。庞大复杂的网络节点和关系互动结构构筑了舆论中的公共信息、争议性话题传播，标签化属性的关系连接形成了舆论圈层发酵的另一种模态。到如今网络舆论生产亦走

---

① 彭兰：《连接与反连接：互联网法则的摇摆》，《国际新闻界》2019年第41期，第20-37页。

② 杨乐怡、钟大年：《"关系技术"：互联网技术的社会化内涵》，《现代传播（中国传媒大学学报）》2019年第41期，第140-145页。

到了基于内容的"表演"与"观看"阶段，从文字道具的表演演化为视频表演手段，因此舆论特征更为"逼真"。

（三）"互动关系"成为舆论动力演化能源

在此，本文借用关系互动理论勾勒舆论生产演化的层次化过程。第一层是人与人的互动关系，包含网络化和社会化双重意义，社会化的熟人圈子和网络社会的陌生人社交都集中在媒介容器之中，在超网络社会化空间中切换界面、或者媒体的使用完成社会人的互动与交往。第二层是人与媒介介质互动关系，关系技术下的节点发射与连接路径的咬合，不论是个体或群体对技术的使用和创新，还是技术或媒介逻辑思维对社会群体的影响，都具有双向性的适应、融合或者改进，包括利用"反连接"[1]暂时切断某种互动。第三层是人与信息内容的互动关系，个体复制、创造、生产文本（文字、图画、视频），该互动关系一方面是人对于符号元素的处置与消费，同时信息内容在生产中亦对个体的人产生情绪刺激和投射，经由情绪共振或逆反作用产生新一轮的信息集束。而第四层则需要分析整个舆情或舆论生产结构来阐述，社会整体性舆论不是一个具体的实物，其反馈渠道通常是以解决某事件，继而搭建"和解"规则，利用互联网技术或者时间维度的遗忘性换取"平息"和"疏通"的结果。舆论的"关系结构"也在建构和解构之间徘徊，舆论主体分享热点新闻事件，将带有猜测性质的舆论信息分享作为社会关系巩固的一部分。例如朋友圈圈层的分享可能是一种掌握社会信息、关心公共议题和社会事务的表演性参与，在小圈子的微信群分享和讨论舆论热点话题，亦切合了"一切皆可社交"下的表达欲望。

三、文本间性：微信中的舆论内容生产风险叙事

在讨论舆论内容生产过程之前，可以反观信息传播的另一种形式——新闻生产——突破了对立和线性序列，而且以文本间性（互文性）的方式呈现，表征为多重连接和交叉并置的互文，具有含混

---

[1] 彭兰：《连接与反连接：互联网法则的摇摆》，《国际新闻界》2019年第41期，第20-37页。

和多维的意义。① 作为在世存有的微信② 重新构建了日常实践和交往体验，交往（交谈）过程嵌入了信息生产、复制和场景。本文认为产生于动态关系和交往实践的"意见""观点"，即舆论活动更是附着在网络社交之中，从微信的文本和叙事形态探寻舆论的风险恰能跳出已有技术风险、文化风险或者媒介风险这些概念框架限制。传统文本中的政府"情况通报"传播修辞结构较为单一，文本话语生产以事后补救导向为主③，网民解读通常使用了对抗式和戏谑情节，通过构陷不同的叙事主体和背景转换，将不同历史时空的事件并置进而完成网络交往和互动中的细节拼贴与"抖机灵"。叙事传播比逻辑论证更能有效地传达思想和价值观④，微信舆论生产通常伴随着大量的隐喻和反讽，在信息转述中产生新的修辞理解。微信使用过程中的群聊天记录和朋友圈也容纳了大量的话语、句丛以及话语主体，形成了可供对话交流的空间，文本间性成为媒介内容和舆论信息的永动机。微博转发次数、微信点赞次数、微博用户评论数目、微信"10 万 +"、微信聊天截图转发使得各种文本裂变，以媒介符号的形式不断生成并创造风险因素。以往风险裂变与复制往往基于舆论主体的传播形式，以技术复制或技术逻辑的冲击作为阐释，微信文本间性的碰撞、挤压、揉捻、拼贴、模仿都将产生舆论内容的裂变风险。

（一）微信书写赋予舆论生产的"自由"空间

　　微信从一个单纯的即时通信社交产品，成为了一个完整的虚拟社会的支持者。微信传播通过语言和非语言符号进行，语言符号包括口头语和书写符号，非语言符号包括图像等。微信个体主要采取

---

① 谢静：《微信新闻：一个交往生成观的分析》，《新闻与传播研究》2016年第23期，第10-28页，第126页。

② 孙玮：《微信：中国人的"在世存有"》，《学术月刊》2015年第47期，第5-18页。

③ 李彪：《霸权与调适：危机语境下政府通报文本的传播修辞与话语生产——基于44个引发次生舆情的"情况通报"的多元分析》，《新闻与传播研究》2019年第26期，第25-44页，第126页。

④ 刘蒙之：《叙事传播：范式、理论及在新闻传播研究者的分析策略应用》，《广州大学学报（社会科学版）》2020年第5期，第53-71页。

的是互动策略即与目标对象进行交流的方法。① 微信朋友圈的功能对于人们交往互动方式的改变最大，其互动模式包括两两互动模式、单中心状互动模式、多中心网状互动模式。在微信交往中的文本具有独特的书写特征、语音特征以及符号学特征，互动标志不如线下交往明确，重叠或者打断的强调方式亦不同。因为缺乏辅助语言（非语言）的信息交往增加大量的表情符和表情包，拟仿交往中的表情和姿势。假如以观点表达作为语言设计作品，那么作品互相之间从结构和内容曾形成互相关联。例如微信交往中形成了具有惯例的语义单位、表达类型、表达风格、内容模式和机构场所。微信的新闻生产／生成以文本间性（互文性）的方式呈现，在各种链接、评论、图片、影像、表情符号之间，在有意或无意形成的上下文之间，在不同的圈与圈之间，形成多重连接、交叉并置的互文，不断生成新的信息与世界图景，创造含混、多维的意义。②

（二）转发行为带来舆论信息文本间性风险

微信社交媒体交往互动行为并未起到信息有序的轨道作用，而以共时链接的方式，指向前空间的交往、关系和文本，以互相作证或者互相拆台造成了更为微妙的舆论信息风险。是否转发、转发什么、何时转发、如何转发都是在危机舆论信息中散落的内容结构。转发不限于将新闻报道或者公众号自媒体内容转发到朋友圈，更新形式的转发是将聊天页面、群聊或私聊部分内容截图，转发于第三方或者作为截图证据保留，用于群内空间的后续聊天素材。微博情绪与微博评论③、转发数之间的关系密切且较为复杂。转发的微信公众号文章、转发朋友圈信息、转发群聊记录是创造互文关系的内容，但这种创造行为因新媒体互动关系网络交织而嵌入得更为自

① 詹恂、严星：《微信使用对人际传播的影响研究》，《现代传播》2013年第12期，第112-117页。

② 谢静：《微信新闻：一个交往生成观的分析》，《新闻与传播研究》2016年第23期，第10-28页，第126页。

③ 刘丛、谢耘耕、万旋傲：《微博情绪与微博传播力的关系研究——基于24起公共事件相关微博的实证分析》，《新闻与传播研究》2015年第22期，第92-106页，第128页。

然，当需要仿作、引用或重复循环时，大量的群聊截图或朋友圈回复聊天的截图作为互文文本的创造性更强，例如模糊原文本中的主体角色关系以避免隐私问题，或介意暴露与隐含之间的信息复制作为再次派生文本。因此说舆论信息的文本间性必然与新媒体逻辑暗合并在互动与交往中产生微观舆论风险。

（三）截图（截屏）导致舆论"真相"的拟仿危机

尽管大量的群聊截图或朋友圈回复聊天的截图作为互文文本的创造性更强，也是舆论信息生产中的图片与文字文本间性的体现，彰显舆论生产主体对于内容的时空把握，潜伏作用于舆论传播发动装置结构的环节之中。截图或者截屏作为聊天的文本"之间性"，是文本与读者的互动也是文本与文本，甚至文本与关系之间的互动，通常截图或者截屏都能从图片内容把握住信息来源的主体关系（一些情况下会刻意隐藏主体之间性），因此在微观舆论内容和信息传递中，互文性所揭示的文本之中包含其他文本的现象揭示无疑，这一符号学上的引文性包含了文本建构的镶嵌组合，涵盖了文本和他文本的吸收、并置、转换。将聊天内容复制、"截屏社交"不仅损伤个体表达和呈现[①]，更因为截屏这一文本互文性的呈现充斥着更真实的想象和可以追溯的信息主体关系，因而降低人们对于文本考据以及文本互文的随意散播，并提供了一种"有据可考"的免责声明。由此产生舆论信息内容的文本之间性并非降低风险、澄清谬误，所谓的交往中的解码因舆论的主体权威或信任或疑似讨论的语境，延伸出更为复杂的矛盾、互斥的风险舆论空间。

在 2020 年的新冠肺炎疫情舆论传播中，各舆论主体在演化过程中出现了显著的融合与分化。[②]许多舆论通过朋友圈和聊天群中的转发、讨论来完成，有关疫情信息或最新感染地区的信息，一般在官方未证实之前已在微信群聊中传播和散布，而且以截图转发和

---

① 李欢、徐偲骕：《隔"屏"有耳？——聊天记录"二次传播"的控制权边界研究》，《新闻记者》2020 年第 9 期，第 74-84 页。

② 汪翩翩、黄文森、曹博林：《融合与分化：疫情之下微博多元主体舆论演化的时序分析》，《新闻大学》2020 年第 10 期，第 16-33 页，第 118-119 页。

关系网络视角下舆论内容生产的风险过程：从主体交往到文本间性

聊天信息转发的形式，以还原疫情讨论场景再造疫情舆论风险，甚至对"武汉人"群体、患者和疾病产生了污名化。[①] 当然社交媒体并不一定带来舆论极化或致使社会分裂[②] 的风险，作为舆论行动者或微信舆论主体，其交往互动事实上已化作一条条文本，文本之间不可预计、无穷多样的相互参照、彼此关联（即互文性），生发出各种意义，是为一种"在之间"的生产。[③]

四、结论

本文讨论了社交媒体时代舆论内容生产的风险过程，首先交代风险媒介化的社会背景。其次通过关系网络中的舆论主体互动，阐述社交媒体舆论生产的主体关系提供了风险扩散的可能，并认为主体的互动交往提供了舆论生产的动力，产生舆论不断演化的可能。最后借助文本间性（之间性）角度切入分析微信舆论内容的书写、转发和截屏，逐步挖掘舆论风险叙事的属性表征。网络交往中的舆论文本间性和转译修辞进一步成为风险裂变的内容。其中舆论生产的驱动因素即用户行为关系模式和交往中的文本依赖性。本文认为基于关系网络的舆论主体交往能够为舆论风险研究提供更为全面的理论意涵，分析微信舆论及其话语裂变过程的风险叙事互文关系则更好地从微观视角补充了风险分析框架。探究关系网络如何、为何成为舆论演化的基础性动因，把握从交往互文到风险裂变的生产节奏研究尚待更多讨论。

① 丁建新、杨荟：《作为"他者"的病毒：关于新冠肺炎隐喻的话语分析》，《广州大学学报（社会科学版）》2020 年第 4 期，第 107–112 页。

② 葛岩、秦裕林、赵汗青：《社交媒体必然带来舆论极化吗：莫尔国的故事》，《国际新闻界》2020 年第 42 期，第 67–99 页。

③ 谢静：《微信新闻：一个交往生成观的分析》，《新闻与传播研究》2016 年第 23 期，第 10–28 页，第 126 页。

数字技术与媒介伦理

冯桂华 ①

信仰空间中的媒介文化研究：基于 D 寺的田野调查 ②

（四川外国语大学　四川　400031）

【摘　要】本文运用媒介人类学的研究方法和视野，结合媒介生态理论，对佛教寺院空间中的媒介种类和媒介生态进行了考察，通过分析不同媒介种群之间的关系，以及信仰群体对不同媒介的理解和实践，本文认为佛教信仰空间的媒介文化主要由三类不同的媒介形式组成，具有鲜明的再媒介化和媒介融合的特点，不同的媒介种群因其所携带"宗教性"的信息差异而获得不同的地位和生存空间，世俗媒介经过意义的转换之后也获得了更多的接纳，这体现了半固化的宗教文化与世俗文化之间的冲突和调试。

【关键词】佛教；信仰空间；媒介实践；媒介文化

一、前言

当代社会最显著的特征之一是媒介已经深入到人类生活的每个角落，媒介行为已像吃饭穿衣一样平常，现代人的生活也因此变得不可思议，媒介也早已脱离了初期作为某一社会现象和社会事件的见证人这样一个初级功能的阶段，在今天，媒介是以更积极和更富

① 冯桂华，四川外国语大学副教授，主要从事文化人类学、民俗学等领域的研究。

② 四川外国语大学校级重点项目"神圣的媒介"（sisu201601）阶段性研究成果。

有策略性的方式和人们紧紧联系在一起。

媒介的高度发展引起了诸多学科的研究兴趣，媒介人类学认为不同文化场域、不同文化背景下的人们对同一种媒介的理解和使用以及相互间产生的影响并不相同，人们对"传媒的使用方式、使用目的、使用后的影响等差异，并不仅仅取决于媒介的独有特性和使用者的主体性，而且还取决于媒体使用的社会结构、文化差异等具体的语境"[1]。而媒介生态学认为在一定的社会文化环境里，不同的媒介在这个社会系统中不能孤立存在，不同的媒介类型会有不同的位置，媒介之间会互相影响因而彼此存在一定的关系，媒介已不仅仅是设备和载体，而成了一种文化基因，创设了新的文化生态。[2]两者虽在关注的侧重点上有所不同，但共同点在于都认为在特定的文化空间中，媒介不是独立存在的，必定会与文化环境相互作用，彼此影响渗透。

宗教作为社会结构的子系统，也同样不可避免地要与媒介相处。社会大众群体，常对宗教群体的媒介实践存在许多想象，例如出家人使用高档手机或电脑会成为新闻报道的对象，而普通人使用这些却可能无法构成"新闻"，说明这种想象是存在的。那么，当现代媒介进入寺院之后，身处其中的修行人对媒介的态度如何？他们的媒介实践是何种情形？宗教和媒介是否必须是矛盾的呢？本文选取了一个佛教寺院 D 寺作为考察对象，运用人类学的田野调查方法，并结合媒介文化研究的相关理论，通过观察该空间中的媒介种类、媒介生态以及宗教组织及信仰者个体层面的媒介实践方式，来了解在这个特定的文化空间中，媒介、人与环境之间的互动方式，为理解媒介文化和实践的多样性提供了一个案例。

---

[1] 郭建斌：《传媒与乡村社会：中国大陆20年研究的回顾、评价与思考》，《现代传播》2003 年第 3 期。

[2] ［美］林文刚：《媒介环境学——思想沿革和多维视野》，何道宽译，北京：北京大学出版社 2007 年版。

邵培仁：《媒介生态学：媒介作为绿色生态的研究》，北京：中国传媒大学出版社 2008 年版。

何志钧：《理解媒介生态学》，《南华大学学报（社科版）》2014 年第 6 期。

D 寺位于我国长江中下游地区，是一座历史悠久的净土宗寺院，信徒众多遍布海内外，是当代净土信仰中具有代表性的道场之一。净土寺院的主要特点是僧俗共修，D 寺也不例外，寺院的日常活动人群由出家信徒与依寺修行的在家信徒共同组成，两者在佛教内部具有身份等级上的差异，但对教外而言，可以统一看作是"修行人"[①]，他们最主要的修行方式是执念"阿弥陀佛"名号，每天集众念佛是其群体活动的突出标志，一天和一年当中的主要时间都用来参与各种形式的念佛活动，本文的资料主要来自笔者在 D 寺的田野调查。[②]

二、D 寺的媒介类型

通过全面考察 D 寺中出现的所有媒介形式，可以将其分为以下几种类型。

第一类是宗教象征或宗教符号媒介，通常表现为视觉媒介、听觉媒介或具体的物质形式，如建筑、雕塑、壁画或仪式音声等，这类媒介通常都具有丰富的宗教内涵和具体的宗教功能。例如 D 寺每天都要响起的"晨钟暮鼓"声，除了具有集合众人的作用外，还有"生善心、增正念，驱恶除魔"[③]，净化空间的宗教功能，钟、鼓本身也被看作是一种"法器"，不可随意触摸。麦克卢汉说"媒介即信息"，这类媒介对外能成为佛教文化的表征，对内是信徒举行修行仪式时与神佛沟通的工具，因此都具有媒介的功能。正因为有这类媒介的存在，一个空间才会成为宗教的空间，即它们生产了该空间的神圣属性，可以理解为一个寺院"与生俱来"的媒介种类，其形式主要来自对历史的继承，其意义通常具有相对的稳定性，相对不易产生太大的变化。因其所携带的"神圣"信息，使它们本身的物质存在也获

[①] 在寺内，两者的主要差异在于戒律不同。两者都自称为"修行人"，而将寺外非教徒称作"世间人"。

[②] 笔者自 2013 年始在 D 寺进行田野工作，2013—2016 年主要以实体田野调查为主，近年来以线上虚拟田野调查为主。

[③] 转引自：月悟法师，寺院中的打板叩钟和击鼓，新浪佛学文章，2013 年 10 月 15 日，http://fo.sina.com.cn/intro/basic/2013-10-15/094113456.shtml。

得了神圣性，接触这类媒介通常有诸多禁忌。

在 D 寺，可以看到许多修行人在功课之外时戴着耳机，在草地上拔草的人，后山砍竹子的人，在门前晒太阳的老和尚等等，几乎人人在听，也有的人直接放开了听，他们听的是 MP3 电子念佛机或讲经机，无疑这是现代寺院才具有的媒介景观。这是 D 寺的第二类媒介，主要是运用现代媒介技术生产的产品，主要有书籍、杂志、佛画，以及 CD、VCD、DVD 光盘，MP3 佛号机、MP3 讲经机等，还有运用 3D 扫描技术制作的不同尺寸的雕塑作品，数量巨大，更新速度很快，且免费向寺内外流通。[①] 这类电子产品，在技术上和形式上都与外界的同类产品相似，但内容上是固定的，都以佛教尤其是净土宗的内容为主。其中的 MP3 播放器，经过了技术处理，使得使用者无法更改或增删其中的内容。这些电子产品参与了修行人的日常生活，给寺院带来了许多新的变化。除此之外，D 寺也建立了自己的网站，寺内所有公开的信息和活动，包括以上流通的产品，全部都囊括在网站中，可以自由在线观看或下载，也可以在网上申请流通，D 寺会免费邮寄到申请者手中。同时，D 寺在手机中开通了微博和微信，其中微信还有不同国家的语言。可以说，D 寺应用到了几乎当前社会中出现的所有的媒介形式和技术。

仔细观察这些新媒介技术产品的内容，可以发现其中不少是对第一类媒介进行"再媒介化"的结果。再媒介化"通常是指新媒介从旧媒介中获得部分的形式和内容，有时也继承了后者中一种具体的理论特征和意识形态特征"[②]，D 寺的电子产品内容组成，包括网站上的内容，全部都是 D 寺内现有的文化形态或文化生产，例如晨钟暮鼓声，是寺内每天例行的仪式，被制作成了视频；日常功课中的佛号念诵，是电子念佛机的主要内容；寺内的经典佛画，被复制后大量生产；讲经说法的过程，更是成为各种视频的主要内容，除此之外，各种寺内的仪式、生活景观等等，无一不可进入新媒介空

---

① 书籍的生产会应用到最新的印刷技术，因而也归在新技术行列。

② [丹麦]克劳斯·布鲁恩·延森:《媒介融合》，刘君译，上海:复旦大学出版社 2015 年版，第 92 页。

间，同时，这表现为不同技术的产品形式相互合作，构成了一张媒介之网，只要进入其中任何一种形式，就一定能进入其他的媒介形式中，例如看到任何一本印刷品，上面就一定会有微信二维码和网址，而进入网站，也一定可以看到印刷品的电子版，也可以进入微信或微博，多种媒介形式在内容上相互交织、互为补充，并融合在数字媒介中，这既能保证信息能最大限度地被有不同媒介使用习惯的信仰者接收到，也可以使宗教组织在更大的范围内"网捕"信众。

在 D 寺的某些时间段，还活跃着另一种媒介，通常是当人们散步在寺外的小路上时，或者在晚上 9 点后宿舍的灯熄灭之后，这种媒介的身影就会出现。它就是手机，尤其是智能手机，是 D 寺除了MP3 讲经机外普及率最高的媒介，如果说前两种主要是宗教组织层面的媒介，那么手机就是修行者个体拥有的媒介。[1] 人们使用手机也是为了联系上的便利。僧人 DS 说（2015 年 8 月 7 日）："我的手机主要是用来打电话，有时候给信众寄了一点法宝，打个电话通知一下，出门了，别人来火车站接你，要是没个手机，别人找不到你，那不是给人带来烦恼了嘛，主要是为了联系方便。"有一些人说其实想买的是那种只能用来打电话的手机，但很难买到，只好买了能上网的智能手机。D 寺也有极少数人没有手机，主要是年老的僧人和居士，他们有的不识字，有的是孤寡老人，他们基本没有购买手机。

在世俗生活中，质量上乘且功能众多的手机往往价格不菲，因此手机有时也成为某些群体彰显自身社会地位、经济能力或者生活品位的方式。但在修行者的世界里，手机的这些附加价值观念没有生存的土壤，至少不能公开表现或者被群体发现，否则便会被认为是一种堕落的表现，不利于个体在修行群体中的生存，虽然其中也

---

① D寺的媒介形式还有电脑和电视，但电脑只是部分办公人员使用，人数不到全寺常住人口的 1/10，电脑只能在办公室使用，宿舍没有上网条件。而电视一共只有两三部，且不能随意打开和观看，只在特殊时间段集体观看，其功能等同于播放器，而在社会群体中流行的移动客户端产品，如 iPad 等，笔者并未在 D 寺中发现，因此都不讨论。

有价格不菲的手机，却并不希望被人知晓。

三、修行者的媒介实践

通过观察，我们发现修行者们对 D 寺中出现的这些媒介有不同的态度和不同的实践方式，因此这些不同的媒介在 D 寺中的地位也并不相同。媒介生态学认为在一定的社会文化环境里，不同的媒介种群不能孤立存在，不同的媒介类型会有不同的位置，媒介之间，媒介与外部环境之间会相互影响和相互关联[①]，下面我们借助媒介生态学的观点，通过考察人们的媒介实践来了解不同的媒介类型所处的位置和各自的生存状态。

（一）对神圣媒介的实践

前文中提到的第一类媒介形式，例如佛殿、佛画等，被尊崇为圣物，无疑享有崇高的地位，人们进入佛殿佛堂中，行为举止都有诸多注意事项，从走路的姿势和方向到心里的念头和想法，都要尽量做到"如法"，即要合乎佛教的规范要求，面对这些物品时有诸多的行为禁忌和注意事项，不可随意为之。即使表现为声音的媒介，如修行仪式中的佛号唱诵声，也被认为是能为听者带来福利和功德的。而对于第二类现代技术生产的媒介，虽然形式上它们是非常新的物品，但也因内容上的再媒介化而继承了其神圣性，信仰者被教导要以虔诚恭敬的心来面对，同样伴随着诸多的禁忌与仪式，它们被尊称为"法宝"，例如不可将法宝带入卫生间等不洁之地，阅读或观看经书时伴随着完整的仪式过程，否则便无法产生修行的功德。经过了解和分析，笔者认为对修行者而言，无论是阅读、观看或者收听，都不能看作是单纯对知识或内容的获得，而是一种修行实践的方式，其最主要的目的并不是对其内容本身的获得，而是通

---

① ［美］林文刚：《媒介环境学——思想沿革和多维视野》，何道宽译，北京：北京大学出版社 2007 年版。

邵培仁：《媒介生态学：媒介作为绿色生态的研究》，北京：中国传媒大学出版社 2008 年版。

邵培仁：《论媒介生态系统的构成、规划与管理》，《浙江师范大学学报（社会科学版）》2008 年第 2 期。

过这种完整的仪式过程使之产生宗教上的意义，即修行的功德，并不能等同于普通随意的阅读、收听或观看行为，这些仪式一般的程序包括"赞佛、请佛、发愿、开经偈、读经文、回向"等过程，只有第五个读经文的步骤是根据不同的经文内容决定的，其他的程序则大体一致。在这之前，佛教徒往往还要净手，在这样的过程中，语言和动作构成了一个完整的同世俗进入神圣空间再到世俗时空的仪式过程，媒介实践的时空就转换成了仪式的神圣时空，整个过程都被赋予了宗教的内涵和意义，因此可以理解为一种"神视"或"视神"，即观看神圣，或是被神所视。[1] 在这样的过程中，观看者与被观看者之间的关系是不对等的，观看者即观神者是屈从、膜拜和仰视的，越虔诚这种特点就越明显。虔诚的信众相信，自己在机子面前的一举一动佛菩萨都能了如指掌，就像在仪式现场一样，因为神性的监督力量是无所不在的。观看者并不会因为"圣人"[2] 出现在电子媒介中而减少了其"神圣性"。任何讲经的视频或音频，都有如同现场诵经或讲法的仪式程序，活动现场中固定的仪式和结构及其宗教意义，一起被移植到电子媒介当中。因而，这种电子媒介创造的"神视"不是被动地看见，而是意味着与神的互动，是与神的关系的一种表达，同样会产生深度的宗教体验，因此，每看一次这样的视频或录音，都可以看作是一种信仰的表达与互动。并且因为电子媒介可以频繁使用，这使得传统时代非常难得的"神宠"在概率上变得更加容易实现，也即人们会获得更多的神圣体验机会，这对维系信仰和保持对宗教组织情感的联系都是非常重要的。

由于以上原因，我们认为这两类媒介可以看作是该信仰空间中的"神圣媒介"，地位崇高，力量强大，是媒介生态中最为强势的媒介形式。

---

① 冯桂华：《神圣的阅读与观看》，《隐形"博物馆"的多媒体呈现》，北京：科学出版社 2019 年版，第 110-118 页。

② 修行人常常认为能讲经说法或者修行好的人是菩萨转世而来的，不应以常人态度对待。

（二）关于"世俗媒介"手机的理解和实践

在 D 寺的宗教生活中，"神圣媒介"的生存空间非常广阔，但另一种普及率也相当高的媒介形式，手机，情形就没有这样明朗。从宗教组织层面来说，积极开发各种媒介，同样也包括手机用户，其主要目标是生活在寺外的信徒或潜在信徒，而对于居住在寺内的群体来说，其倡导的则是完全不同的态度。而从修行者个体层面来说，因为其修行偏好不一致，有的偏重实践，重视念诵佛号时的感觉和状态，并不强烈追求佛教义理上的了解与多寡；而有的人把对佛理的理解放在实践修行之上，也即不少学者（例如葛兆光）认为的那样，在中国的佛教信仰中，有"民俗型"与"学理型"两种取向的分野。这种种的原因使得手机这种媒介尽管普及率高，但修行者们并没有形成统一的态度和行为特征，因为无论从形式或内容来看，手机都是一种纯粹"外"来的媒介，并不必然与宗教信仰发生关联，人们可以轻易判断一本书是不是属于"神圣"物品，但无法判断对一部手机该采取哪种态度和方式。通过访谈与观察，我们发现修行者们对手机的看法主要有两种。

第一种认为手机是"魔"，"魔"是佛教用来指代一切有损于修行的观念或行为，例如一个人爱睡懒觉，则可能是被"睡魔"缠住了。"魔"这个词明显表达了他们对手机的态度，D 寺住持法师就在多次公开讲经时说手机是魔王波旬的东西，号召修行人少用或不用，因此手机在许多场合和地点都被明令禁止携带或使用，例如不能将手机带上佛殿，如果在做功课的过程中有手机响起，其主人常常要被罚"跪香"，即在佛前下跪忏悔一炷香燃尽的时间。也有一些群体不能拥有手机，如刚刚参加了剃度仪式的沙弥，即处于考核期的准出家人，就被规定不能使用手机，若不能戒掉手机，也就间接证明其不合格，将没有资格获得比丘的身份。在一些修习仪式中，如闭关①，手机常常成为人们是否能闭关成功的重要影响因素。信

---

① 是一种修行模式，独自进行，在10天、15天或更长时间内不与他人或外界交流，每天完成念佛声数或时间。

徒有福①告诉我她闭关时的故事（2015年7月28日）："有一位菩萨哦，闭关快要出来了，可是呢前一天晚上，偏偏她儿子打电话来了，她儿子在北京工作，很少打电话来的，早不打晚不打，偏挑这一天打，你说是不是业障嘛，这不就没闭成（关）嘛。"R居士在D寺修行多年，他除了修行还主要负责D寺的壁画创作，他常常说手机能"刺激人的贪嗔痴，是人类造下的业"，和R居士一样观点的人不在少数，都认为手机是业力的体现，如能远离手机，便等同于远离不好的东西，因此他们尽量少用或者不用，又或者只在"污浊"之地才用，例如僧人HZ②认为出家人老用手机会影响形象，他说（2015年7月19日）："总是用手机不好，一个出家人老拿着手机算什么呢……平时空闲的时候主要是看书，一般去卫生间才看看手机，佛经啊什么的肯定是不能带进卫生间嘛。"我问他电话打得多吗，他说：我很少给人留电话，人越多，牵挂的就多，有事发个短信，我不上网聊天什么的，出家以前用电话，现在是越少越好。"是否使用或者频繁使用手机常常成为修行人自我判定或者评判他人信仰是否虔诚的一个标志。有福跟我说起一位女性出家人③，并评价说（2015年8月1日）："前两年有个女孩子，要出家，非要我陪她去XL寺跟师父说，在那里出家，现在出家了，我前两天去XL寺还看见她呢，真庄严哪，她就从来不用手机，真修行人是不会用手机的。"和有福关系颇为密切的几位出家人，也常常劝导有福少用手机。也有一些俗家信仰者，当他们决定出家时，常把自己的手机送给别人。脱离手机成为一心向道态度的表现方式之一。麦克卢汉认为电子媒介的广泛使用，使我们每个人都卷入到了别人的事务当中去，满足了我们"管闲事"的心理，虽然每天远方发生的事对我们的日常生活是没有多大影响的，我们却通过了解这种"闲事"来与世界保持联系，找到自己存在的感觉④。然而，这种"存在感"却是许多修行者努力

---

① 湖北人，女性，65岁，退休前是汽车厂工人。
② 男，2015年时已经出家10年，大学学历。
③ 女性，61岁，湖北人，依寺修行者，2020年在福建出家。
④ 马歇尔·麦克卢汉：《理解媒介：论人的延伸》，何道宽译，北京：商务印书馆2011年版。

需要驱除和克服的，在访谈中我们发现，净土宗信仰者，尤其是寺院修行的群体，对于世俗社会的关系建设，普遍没有强烈的愿望和需求。在他们决定到寺院过修行生活之前，往往都遇到了重大的人生危机或创伤，危机越大，他们对于信仰的需求和认同往往越强烈，这得他们与世俗生活世界相互抛弃或决裂，社会关系基本凋零或者萎缩，而寺院生活又进一步强化了这种观念，因而对他们而言，建立并强化人神之间的关系，而不是人与人之间的关系，才是最重要的，而手机所建构的关系是指向社会、"世间"与"世间人"之间的关系，这不是他们认为重要的关系。所以这些修行人排斥手机的深层原因，并不是排斥一种工具，而是这种工具所建构的关系与空间特征。手机成"魔"的理由还在于其可以突破时空的限制以及环境的约束，带来潜在的风险，例如寺院内对不同性别修行者的日常交际具有诸多规定，如不可单独相见，不可以晚上见面等，但在手机里这些规定都难以督查，正如梅罗维茨所说："电子媒介弱化了男性场景和女性场景的观念……以及或神圣或世俗的地点的观念。"[1]因此虽然手机被宗教组织积极利用来对外弘法，但在寺院内部空间，却被当作一种威胁力量而被排斥。

有趣的是，尽管有住持法师的号召，却依然有小部分坚持使用手机的修行人，其中还不乏法师的忠诚追随者，他们全面认同 D 寺所倡导的主张和实践，但唯有在手机这件事上表现出了"叛逆性"，他们在微信里开设"微道场"，在其中组织寺内外的人进行念佛修行，或者在其中进行教义的分享。这多半是前文提到的"学理性"取向更为明显的信徒。其实仔细观察，可以说他们在手机的使用上仍是具有群体边界的，在他们的手机屏幕上，类如"淘宝""QQ"等社会购物娱乐性的第三方软件明显少得多或者没有，在对手机的使用上，具有"弱"其世俗性、"增"其神圣性的特点。当修行者越重视念佛实践时，手机的使用率越低，越被排斥；而当修行者越将佛理当作一种知识来了解时，他们就越有可能更多地使用手机和网

---

① ［美］约书亚·梅罗维茨：《消失的地域》，北京：清华大学出版社2002年版，第216页。

络，在使用上两者外在表现不同，但仍是殊途同归，即都是"自利"的模式，但后一种情形表现得更为隐秘，不会表现得那么公开。总体而言，手机的使用是偏"地下"的，因此手机这种媒介的地位相对而言是比较底层的，可以看作是一种"世俗媒介"。

虽然手机广受压制，但不可否认的是手机仍是 D 寺内普及率最高的媒介形式之一，其原因，一是修行者的客观需要，另一个原因是在这种环境下，手机本身的功能也发生了适应性的转变，获得了新的意义，从而为这种先天宗教性不足的媒介在信仰空间中的生存获得了一些机会。通过考察手机的来源，可以发现这一点。修行者们的手机，有的是自己购买的，有的却是作为"结缘品"或"供养品"而来的，即手机会作为一种与宗教意义有关联的物品形式在人们之间流转。

《佛教大辞典》中说：结缘，佛教用语，即交结缘分，一般指与佛法结缘，为将来得度创造条件，《法华文句记》卷二下："结谓结缘，立机之始；缘即缘助，能成其终，则为未来修得三德之先萌也。"[①]佛教中的"广结善缘"或"未成佛道，先结人缘"等说法的出发点也都是如此，涉及信徒个体，尤其是指与出家人或寺庙结缘，因为这可以为信仰的开始和最终目的的达成创造更多的条件或可能性，不少来寺院做义工的佛教徒，"结缘"就常常是他们的动力之一，因为寺里修行的人修行成功的概率更大，尤其是出家人，因此为寺院服务，就是为自己增福，就是与许多潜在的"佛"结下了"缘"，成为了"有缘人"，将来就会得到优先度化的可能，这是佛教的逻辑方式，因此寺院才被佛教表示为众生的"福地"。而在现实的信仰生活中，结缘的方式和意义显然是被拓展了，在寺中不仅经常被用来表示两个陌生信徒之间建立关系的开始或延续，也成为赠送物品时的托词，无论是主观上还是客观上的赠送，都被认为具有"结缘"的功能。而"供养"是指信众提供给佛菩萨或僧人基本的生活物品的行为，这物品主要有花、涂香、水、烧香、饮食和明灯等，

---

① 任继愈主编：《佛教大辞典》，南京：江苏古籍出版社2002年版，第975页。

也包括衣服饮食卧具汤药[①]。而不管是结缘还是供养，共同点都是将物品赋予宗教意义后再赠送出去，只不过结缘可能是信徒之间平等的行为，而供养则通常是下对上，或在家信徒对出家信徒的赠送，其本质都带有信仰投资的意味，即通过与佛、法、僧或与之有关联的人、事建立联系，来间接使自己得到度化或拯救，但这客观上能为对方带来利益，这也是大乘佛教自利利他的表现。

于是手机就逐渐加入"结缘"或"供养"品的行列之中，笔者了解到寺外有些信徒会买手机赠送给寺内的出家人，也有寺内的出家人把自己的手机赠送给寺内的非出家人，还有不少依寺修行的人在决定要出家（即剃度）之前，常常会将他们的手机转赠他人，笔者的访谈者当中就有不少这样的修行人。显然在任何一本佛经里都不会找到手机是否具有成为供养品或结缘品的资格，不过仍有一些基本的佛教观点可以用来解释赠送手机给修行人的这种行为是否"如法"（即符合佛教的规矩）。僧人 DM 说他认识的比丘当中就有一些人的手机是信众供养而来的，僧人 DL 也告诉我他的手机是北京一位居士供养的，当我问到手机能不能作为供养品时，他们两位都说要看供养者的"发心"[②]，发心好就可以供养。成为结缘品和供养品之后，手机对于使用者而言似乎就增加了合法性，因为是对方慈悲心所赠，寄托了对方对信仰的愿望和情感，就不能再等同于纯粹的世俗物品了，其世俗性仿佛被稀释了，使用起来仿佛就多了一分名正言顺的感觉。意义被佛教文化进行了改造之后，使得手机这种媒介在这样的文化背景下获得了更多的生存机会。

四、小结

研究者指出"媒介文化最重要的表现形态是文化的媒介化"[③]，时至今日，媒介与文化之间已经难分你我，而是彼此缠绕，相互构成。我们在 D 寺这样一个相对封闭的空间中也可以清晰地看到这一

---

① 任继愈主编：《佛教大辞典》，南京：江苏古籍出版社2002年版，第799页。
② 佛教用语，表示某种行为的初始心理目标。
③ 张琳：当代文化传播与媒介文化，《西华师范大学学报》2007 年第 6 期。

点。通过以上的考察和分析，我们可以说，在现代佛教信仰空间中，其媒介文化的构成主要有三种形式的媒介，它们在形式和功能方面各不相同，但彼此关联，互相影响，形成了一个清晰的媒介生态结构。在这个结构中，地位最稳固的是宗教象征或宗教符号类媒介，拥有丰富的宗教内涵，是宗教文化的外在表征，它们构成和生产了该空间的神圣性，是一个空间成为宗教场所都必须具备的基础性媒介形式。这类媒介在任何宗教空间，不只是寺院，在教堂、在道观，在乡间祠堂和民间信仰空间，也同样是构成其信仰空间神圣性的结构性媒介。但这类媒介在信息的传递方面并没有主动性，是隐性的媒介形式。

塔式结构中的第二类媒介类型，是佛教组织运用现代媒介技术生产的大众传播形式的媒介，在信息的传递方面具有主动性和共享性，是信仰空间中力量最大、生存空间最广阔的媒介种类。它们在内容上是对传统宗教冷媒介的延续、继承或者强化式的表现，因而获得了神圣的地位，是技术对佛教文化的再生产和再媒介化的结果。这类媒介的存在，极大地改变了当代信仰者教育、实践和学习的方式，并且通过广泛的流通，突破了时空的限制，满足了不同信仰者的需求，通过持续的信息传递，使教团的宗教知识和思想、群体的宗教生活，以及宗教的影响力，都在以最快的速度和最广的层面上被进行了传播，被最大限度地知晓和接受，持续的产品流通和连续的信息共享会有利于信仰共同体的构建和维系，使宗教认同获得了新的途径和方法。现代媒介的渗透和融入，使得修行者生活在由多种媒介组成的环境里，这在一定程度上也催生了更多的信仰流动，以及去寺院中心化时代的到来。

第三类媒介，力量最为薄弱，地位也更为低下的媒介形式主要是外来的媒介，尤其是手机。因其携带的信息并不必然具有宗教性，其作为媒介，勾连的双方与信仰群体期待的目标最为遥远，这使得信仰者对它们的态度并没有形成统一的认识和行为规范，因此可视为"世俗媒介"。在寺院集体性的公开生活中，它主要作为一种具有潜在性的破坏力量而受到约制，虽然也被某些重视佛理追求的信仰者积极利用，但这种利用相对而言是小范围的。但手机也获得了成为佛教"结缘品"和"供养品"的资格，这种意义的转化使它在某种程度上淡化了其世俗属性，转而获得了一定的生存空间。

文化背景使得不是任何一种媒介形式都能在宗教空间中获得相同的生存地位和发展形式，我们发现宗教组织或群体在媒介的选择和使用上具有鲜明的"自利性"，修行者们的媒介认知和媒介行为都受到佛教文化的深刻影响。寺院自主生产的"本土媒介"可以享受崇高的地位，是神圣的；而外来的媒介，则可能是危险的，是"世俗的"。这种媒介观的标准不是根据媒介的形式和出现的历史顺序，而是根据媒介所携带的信息文化类型来分。因而新媒介的使用会受到限制、过滤和规约，这是半固化的宗教文化与由新媒介所携带的外来文化或世俗文化之间冲突的体现。而新媒介（主要是智能手机）进入这个空间，在这个"地方性"的知识系统中，与本地文化进行碰撞之后，手机媒介产生了新的知识意义，这可以看作是宗教文化与外来文化之间冲突和调试的表现。

■ 柯高雅 ①

碎片化阅读时代用户的层级化进路研究 ②

（广州大学新闻与传播学院，广州，510000）

【摘　要】大众传媒的出现及其迅速发展为实现社会各阶层之间的信息共享勾勒出愿景和期待，用户的阅读需求和行为是其现实状态的直接反映。本文以场景理论为基础，通过分析用户在固定场景、移动场景以及定制场景下的不同阅读体验，提炼出用户的层级化进路。文章认为在碎片化阅读时代用户的层级具有一定的流动性，阅读内容具有碎片性、同质性以及知识的欠缺性等特质。用户的阅读品位可以映射出其所在阶层的区隔，而技术在弥合阶层区隔上具有局限性。囿于用户真实身份，有些结构性的鸿沟并不容易跨越，不同层级的用户在碎片化阅读时代形成了新的数字落差。本文提出数字出版打造沉浸式阅读模式和转化用户阅读习性，以期用户实现从浅阅读到深阅读转变的可能性。

【关键词】碎片化阅读；层级；阅读场景

　　英尼斯认为，一种新媒介的长处，将导致一种新文明的产生。③媒介化社会的日臻成熟，技术的迭代为用户的媒介使用模式创造出了新的取向，当下用户已从传统的纸媒深阅读模式转向更为便捷的

---

　　① 作者简介：柯高雅，广州大学新闻与传播学院研究生。
　　② 本文系国家社科基金重大项目"提升面对重大突发风险事件的媒介化治理能力研究"（21&ZD316）的阶段性成果。
　　③ ［加］哈罗德·伊尼斯：《传播的偏向》，何道宽译，中国人民大学出版社2003年版，第34页。

承载于社交媒介的碎片化阅读模式。用户采取碎片化阅读模式除了依托技术对公众大众文化的简单迎合之外，其内容生产和推送逻辑也无不映现了用户的线下真实身份。与此同时，新媒体时代信息内容的生产到处充斥着同质化和碎片化，稀少的知识却是海量的推送，使得用户罔顾信息的真实性与知识性，其原有的意义和价值认知也因之被逐渐消解。

当今的社会分层研究者注意到了文化资源的不平等，布尔迪厄认为，文化资本正在变成越来越重要的新的社会分层的基础，而对文化资本的争夺，往往是在一些特定场域中展开的。[①] "场景"概念是罗伯特·斯考伯和谢尔·伊斯雷尔提出的，他们指出，"大数据、移动设备、社交媒体、传感器、定位系统是与场景时代息息相关的五大要素"。[②] 社会场景如何塑造人们的社会行为方式是场景研究的关注重点，电子媒介的普及打造出新的阅读场景，异质群体表现出来对网络的重度依赖性同使用功能应用方面的局限性和单调性形成了鲜明的对比。本文以碎片化阅读场景对于用户的认知影响的维度，尝试提取阅读场景演变下用户层级化的进路这一逻辑主脉，以期增强阅读的知识服务功能更好地满足用户需求。

一、用户层级：场景要素作用下区隔的身份

用户的媒介使用会受到社会结构与媒介结构要素的影响，"媒介结构"指在特定的时空中可获得的渠道、选择和内容配置。[③] 新媒体打破了以往不同时空阶层和圈际之间的区隔，移动阅读场景的出现导致用户可接触知识量不断增加，用户在爆炸式增长的信息中生成碎片化阅读习惯。数字化知识生产和传播模式导致碎片化阅读逐渐形成作为场域的存在，用户的阅读内容往往受到自身的社会阶

---

① 彭兰：《新媒体用户研究：节点化、媒介化、赛博格化的人》，北京：中国人民大学出版社 2020 年版，第 176 页。

② 斯考伯：《即将到来的场景时代》，北京：北京联合出版公司 2014 年版，第 11 页。

③ 丹尼斯·麦奎尔：《麦奎尔大众传播理论》，北京：清华大学出版社 2000 年版，第 326 页。

层因素的影响进行选择。浸润在日臻繁杂的网络环境下，用户获得碎片化的表达习性和思维习惯，导致理性思辨和专注能力下降。用户的身份随着媒介使用的选择形成新的层级区隔，在良莠并存的文化环境和技术的柔性渗透下，用户之间产生了新的冲突。

（一）隔绝的受众：固定场景下线性阅读

固定场景指的是人们在相对静止的状态下所处的空间环境，是与人们日常活动规律相关联的环境，通常与人们的关系是稳定的，可以视作一个"常量"。[①] 线性阅读是指在阅读内容时按照内容发布者安排的顺序进行阅读，中间没有跳转或断点，整个阅读过程是连续的。[②] 传统的生产机制通过权威机构印刷出版文本作品，在出版方的层层把关下机构对于文本的解读具有"权威性"，印刷文字中文化的阐释者是创作者，读者在彼此隔绝的情形下通过线性象征符号接收作者想要传达的知识。知识传播的媒介载体与传播机制对于知识作品形态的塑造有着深刻影响，在印刷时代，纸本的局限性难以突破时空的场景限制，受众在线性阅读习惯中获取知识。在此过程中，受众获取信息的途径是单向度的，因此对于文本内容的解释框架限制在作者想要传达的理念内，受众很难进行圈子外的互动和实现自我的延伸。正如梅罗维茨所说："对人们交往的性质起决定作用的并不是物质场地本身，而是信息流动的模式。"[③] 知识精英和普通受众之间的信息壁垒难以打破，媒介的技术、经济、政治属性以及媒介所建构的文化生产与传播机制，深刻影响着时代的发展。中华人民共和国成立以来，建立了文学生产机制，是以各级作协、文联主办的文学期刊为核心，文学期刊的发表、传播机制。生产端以专业作家为中心，传播端以编辑为中心，作者进行系统知识的输出。受众在固定的场景中对文本进行解码，纸本阅读时代受众的阅读文本内容往

---

① 胡泳、陈秋心：《弥合鸿沟：重思网络传播的"去区隔效应"》，《新闻界》2019年第6期，第30-38页。

② 高颖楠：《数字阅读对高校图书馆的影响浅析》，《科技创新导报》2019年，第232-234页。

③ 梅罗维茨：《消失的地域：电子媒介对社会行为的影响》，肖志军译，北京：清华大学出版社2002版，第30页。

往是通过权威机构把关后的产物，阅读模式是线性、连续性的，彼此隔绝的读者在作者的精神引导下接收单向度的知识输出。

（二）区隔的用户：移动场景下认知固化

梅罗维茨认为电子媒介跨越了以物质场所为基础的场景界限和定义，新媒介造成场景的分离和融合，由此影响了社会行为。如果说在传统媒体时代内容是知识传播的核心，在碎片化阅读时代知识的传播过程承载了渠道的印记。随着移动场景在智能终端上应用的普及，用户对信息源和信息载体的需求逐渐减弱，任何内容产品都可以在移动媒体上获取。[①] 移动的场景为用户提供了海量的碎片化阅读内容，移动产品的出现带来了分隔的场景。移动短视频应用于 2011 年出现，到 2015 年在中国形成了群雄逐鹿的局面。[②] 抖音平台通过整合内容、场景和用户进行品牌营销，打造出深谙用户喜好和符合用户消费品位的作品进行推送，缺乏理性思辨的受众容易对媒介产品的推送形成路径依赖，形成固化的视野和认知。处于相同社会经济地位的用户阶层往往追求类似的消费模式，倾向于一致性的身份认同，具有趋同的社会态度、价值观念和行为准则等，进而形成自己的阶层意识和阶层文化。被分隔在不同场景中的人们会形成不同的阅读品位，用户不同的层级身份又产生新的区隔。保罗·福塞尔将品位、格调看作是社会分化与等级的最终趋势，个人的阶层主要在其消费品位中体现并表现于全部生活中，以至于这种分化可以成为社会区分的指南。[③] 在碎片化阅读时代，知识溢散化成为一种常态，用户的阶层区隔与文化区分内涵于用户的阅读品位之中。个人接触到媒介场景打造的定制化内容，同质化的碎片信息在算法推送下实则弱化了用户的选择性机制。来自不同阶层、不同教育背景的用户，在社会、政治、经济因素的合力作用下，借由阅读

---

① 段淳林、闫济民：《移动场景化："互联网＋"时代数字出版发展的新变革》，《中国出版》2016 年第 5 期，第 54-56 页。

② 蔡骐：《移动互联时代的阅读变迁——对浅阅读现象的再思考》，《新闻记者》2013 年第 9 期，第 13-17 页。

③ 康茜：《从场域区隔到流动传播：社会化阅读的进路》，《编辑之友》2017 年第 11 期，第 11-15 页。

知识需求的差异，在封闭、固化的阅读场域中逐渐形成同一阶层趣味与阶层品位的区隔。

（三）焦虑的用户：定制场景下出现数字落差

当下算法推荐已然成为场景构建的基础，平台为了争夺用户有限的注意力资源，以定制场景打造出符合用户需求的作品。由于记者、编辑等"把关人"职能的弱化，用户需要自主进行信息选择，而信息的接收过程消耗了用户有限的认知资源。群体在流动性过剩的文本中接收的部分作品缺乏系统的知识框架，理性的知识被片段化、臆测性的信息，甚或扭曲的和非理性的情感所遮盖取代，呈现出焦虑性的文化症候。数字出版物出现了以内容的浅薄空洞获取读者的喜爱，注意力的缺失造成资源配置效率低下，用户知识取向混乱，出现泛娱乐化取向。用户陷入了在海量信息中花费的时间越来越长，获取的成体系的知识却越来越少的吊诡之境。韩国学者 Yoori Hwang 和 Se-Hoon Jeong 提出随着大众媒体报道的渗入，社会经济地位高者与社会经济地位低者之间的知识鸿沟会增大的假说并不成立，指出大众媒体报道量的大小与不同社会经济地位者之间知识鸿沟的差距，在统计学意义上不具备显著性。[①] 不置可否的是时下数字技术的发展能为不同层级用户的流动提供更大的可能性，带来向上流动的机会。尽管用户在碎片化阅读时代可以突破时空地域的限制，但用户的认知资源是有限的，同质化的阅读取向使用户之间依旧存在着数字落差。大众渴望知识普及，借助扫盲式的共享知识信息陷入全民阅读的乌托邦幻境，而区别于大众的精英阶层趋向寻求远离大众品位之上的专属阅读内容，在碎片化阅读模式下，人的价值认知很难有突破自己阶层的可能性。

二、碎片化阅读：起底社交媒体时代常态化下的阅读逻辑

新的媒介产生新的场景，新的场景产生新的行为。[②] 中国数字

① Yoori Hwang, Se-Hoon Jeong. *Revisiting the Knowledge Gap Hypothesis*: *A Meta-Analysis of Thirty-Five Years of Research*. 2009, 86(3): 513-532.

② 梅罗维茨：《消失的地域：电子媒介对社会行为的影响》，肖志军译，北京：清华大学出版社 2002 年版。

阅读行业市场规模 2020 年预计突破 200 亿，数字阅读用户规模突破 4 亿，用户使用数字阅读平台的时间贯穿全天，67.5% 的用户单次使用时长在 30 分钟以上。① 技术的更迭改变了用户的阅读行为，以超级注意力为认知特征的浏览式阅读大行其道，而曾经流行的以深度注意力为认知特征的沉浸式阅读日趋衰微。② 通过在社交媒体平台以及网页搜索等浏览式、浅层化的阅读行为成为用户的主导阅读模式。新媒体改变了传统的社会集群模式和互动交流模式，不同群际之间的信息、观念、价值形成一种自由交换的液态模式，因而新媒体空间的文化呈现多元化、异质化的整体面貌。③

（一）文本生产：媒介化社会下的算法干预

尼尔波兹曼在《娱乐至死》中展现了两种预言，一种是奥威尔式，文化成为一种监狱；另一种是赫胥黎式，文化成为一种滑稽戏。在碎片化阅读时代，赫胥黎的预言正在成为现实。娱乐形式与知识性信息的混合是当下媒介环境的特征，用户依赖使用社交平台获取移动化的知识和信息，技术生产革命迎来认知盈余时代的到来，传统媒体奉为圭臬的传播事实、输出价值的核心理念受到挑战。碎片化阅读时代，信息生产、传播的过程中媒体传播事实、输出价值的功能逐渐被弱化，转向注重如何创造更高的市场价值、是否符合用户阅读兴趣，导致信息传播生态受到破坏。在大数据技术的应用和支持下，用户阅读的内容是采集到读者的阅读习惯，以及性别、职业、地域等信息，在算法推荐下平台主动投放出使读者感兴趣的文本话题，内容的发行能精准地与目标读者对接，从而获取用户的"注意力经济"。利用互联网搜索信息往往是基于自由意志的、碎片化的行为，但这并不意味着公民同意互联网平台收集并利用这些碎片化信息。④ 各大媒体平台将质量参差不齐的文本内容中完整的信

---

① 艾瑞咨询，2020 年中国数字阅读产品营销洞察报告。

② 周宪：《从"沉浸式"到"浏览式"阅读的转向》，《中国社会科学》2016 年第 11 期，第 143-163 页。

③ 许高慧、李春雷：《新媒体传播对个人隐私消费的研究》，《南昌工程学院学报》2017 年 36 卷第 2 期，第 38-42 页。

④ 张玉洁：《论我国人工智能的法治化进程：现状、挑战与革新》，《广州大学学报（社会科学版）》2019 年 18 卷第 2 期，第 101-108 页。

息割裂，零碎的信息和变换的场景组合后使用户的阅读目的走向迷失。另一方面，在市场控制下用户的点击量可以直接为文本创作者提供收益，由于用户倾向阅读视听结合的图像化文本，创作者提供的文本不再集中于输出知识和信息，阅读的娱乐功能逐渐蚕食传统的信息功能。而在算法推荐下，特定的媒介会偏好特定的内容，慢慢塑造出新的文化和特征，文本以割裂的方式转移受众的注意力，毫无联系的内容不断被推送，严肃内容逐渐娱乐化。

（二）用户取向：身份认同和情感要素共振

情绪是影响用户行为的重要变量，情绪的交流、唤起和共振是用户阅读取向的重要因素之一。用户主动选择阅读的文本内容往往基于自身的身份认同，在文本中获得情感和价值观的黏结，这一行为体现了技术赋权下主体意识的觉醒。在社交媒体上，情感成为可以"数据化"的信息，并转化成为流量和资本的源泉。[1] 在网络空间，拥有共同爱好、价值观和行为方式的用户聚集成群体完成身份认同，碎片化的文本内容可以在技术的连接下使用户产生情感共振，形成文化认同和情感黏接，新媒体的嵌入式发展使受众对技术产生工具性依赖和情感寄存。例如 ·项关于防火墙的研究发现[2]，即便没有受到任何技术阻隔、充分享有上网自由，华人还是只会访问那些让他们有文化亲近感的网站。随着生活节奏的加快，人们需要快速地更新自己的信息库，短视频行业发展势头迅猛，用户沉浸在海量短视频中看似获得了自己想要的信息，然而在算法技术的操控下用户接触到的是同质化的内容。碎片化的信息打造出的知识范畴囿于用户自身的兴趣取向，片段化的视频内容掺杂着良莠不齐的信息，原子化的个体缺乏独立的思考，浸润在算法推荐的阅读文本中难以突破自己的认知，获取真正有用的知识。正如尼葛洛庞蒂所说，在数字世界中，深度、广度问题消失了，读者和作者都可以自由

① 童祁：《饭圈女孩的流量战争：数据劳动、情感消费与新自由主义》，《广州大学学报（社会科学版）》2020年19卷第5期，第72-79页。

② 胡泳、陈秋心：《弥合鸿沟：重思网络传播的"去区隔效应"》，《新闻界》2019年第6期，第30-38页。

碎片化阅读时代用户的层级化进路研究

优游于一般性的概述和特定的细节之间。① 人们在快速流动的现代生活中利用零散的阅读时间获取碎片化信息，用户沉迷在电子屏幕打造的视觉盛宴中体会到完全放松的快感。基于用户的身份认同和情感共振共享同质化的信息内容，但是碎片化信息的无序性和复杂性增加了用户的筛选和判断时间，用户实则很难获得成体系的知识内容。

三、阅读新惯习：打破碎片化阅读困境的突围之路

桑斯坦在《信息乌托邦》一书中指出："现在比以前任何时候，人类更能找到寻求广泛分散的信息和创造力以及聚合它们成为卓有成效的整体的方法。当然，新方法的最终价值取决于我们是如何使用的。"② 技术降维攻击打造了全民阅读的想象乌托邦，不同用户阅读层级的区分在于是否具有摆脱低级娱乐和摆脱碎片化信息获取的能力。碎片化阅读以潜移默化的方式影响着用户的阅读心理，通过对用户情感认知的塑造，"拥有而后不满"在社会生活中开始积累，随着财富的增加和权利感的加强，公众对财富分配的公平与公允、权利保障与实施等问题变得敏感甚至苛刻。③ 受到技术的异化作用，碎片化阅读模式对文本内涵进行颠覆，阅读文化附加以权力关系，呈现出固化刻板的传播范式。惯习代表一套内化了的能力和结构化了的需要，一套感知方式、思考、欣赏和行为方式系统，它影响人们的实践倾向，并因此生产社会的区隔。④ 因此针对用户碎片化阅读困境，打造适配的阅读场景和培养用户深度阅读新惯习，能够弥补知识传播的断层化、片面化与固定化。

① 王小溪：《新媒体的去仪式化传播》，《华中师范大学》2016年。
② 张福平：《碎片化阅读背景下全民阅读的推进——电子阅读与纸质阅读的对比分析及融合探讨》，《郑州轻工业学院学报（社会科学版）》2016年17卷第1期，第43-51页。
③ 李春雷：《新媒体与社会心理研究：方法、问题与取向》，《现代传播（中国传媒大学学报）》2018年40卷第3期，第70-73页。
④ 申秀清、张海鑫：《从文化再生产理论看城市流动儿童教育公平》，《广州大学学报（社会科学版）》2017年16卷第9期，第47-51页。

（一）场景适配：设置沉浸式阅读模式

沉浸式阅读指阅读者全身心体验文本，其他与阅读不相关的活动和思想都被过滤，并形成个性阅读认知的阅读行为。[1] 在互联网上，用户面对每两分钟频繁更新的话题，会产生轻易获取知识的感觉，用户缺乏沉浸阅读的状态。梅塞尼认为技术是作为工具和手段的存在，没有承载伦理道义。知识的传播借助互联网平台实现了社会情景，技术的作用对于社会问题的解决利弊相间，个人通过操纵技术可以实现对社会信息保持判断能力和自我调节策略。当下用户更加稀缺的是现象学沉浸，即想象性沉浸和反思性沉浸。想象学沉浸是基于现象学中人与技术的解释学关系，用户在心理、认知和能力上，对文本内容的需要进行想象式情感沉浸和反思性沉浸。整合想象性沉浸叙事设计和反思性沉浸的有效刺激手段，可以促使平台提高用户黏性，丰富文本的内涵，提高文本的适配水平。只有秉承了传统阅读深入沉浸与感官触动的优势，融合个体秉性品位与所属社会群体的区隔文化的阅读文本，才能为知识生产传播与阅读生态提供丰厚的土壤，也为阅读文化结构的再构建作出掷地有声的回应。[2]

（二）认知重塑：激活文化因素打造新习性

布尔迪厄认为习性是个人作为行动者在特定场域的社会实践行为的倾向性。习性是一个已被或正在被结构化的心理构架，主体按习性的指引按照某种结构行事，粘结成某种知识的或认知的建构关系。在当下的互联网空间中，网络社交功能和信息整合功能交融，不同身份的群体培养了各自的阅读习性，碎片化阅读习性是在一味追求用户深度注意力形成的。海尔斯概括出深度注意力的四个特征，即注意力的焦点在不同任务间不停跳转、喜欢多重信息流动、喜好刺激性的东西和不能容忍单调乏味。碎片化阅读时代用户用有限的注意力关注海量的文本内容，因此注意力资源成为了稀缺

① 喻国明、杨颖兮：《参与、沉浸、反馈：盈余时代有效传播三要素——关于游戏范式作为未来传播主流范式的理论探讨》，《中国出版》2018年第8期，第16-22页。

② 康茜：《从场域区隔到流动传播：社会化阅读的进路》，《编辑之友》2017年第11期，第11-15页。

资源。泛娱乐化的信息构建过程忽略了激活传统文化的因素，文化的标识可以协助平台构建出具有丰富意义和思想内核的知识。有内涵的文本一旦内化到用户的情感认同和身份认同中，便可以纳入用户的知识框架之中，从而使用户从碎片化文本中释放出来转向深度阅读新习性。例如《典籍里的中国》借助纯文本元素，将传统文化和现代文明黏合在舞台上，充分激发文化的想象力和活力获得一致认可度和高度的观众黏性。阅读生理学的权威玛雅内·沃尔夫（Maryanne Wolf）认为，阅读最核心的秘密在于可以让读者的大脑获得自由思考的时间，而这种思考所得会远远超过他们在阅读之前所拥有的认识。[①] 沃尔夫还认为，一个合格的阅读者需要更多的时间去思考文字背后的东西，而不仅仅局限于接收更多的文字信息。通常用户对于切身相关的问题往往会更加关注，参与型知识传播以借助群体对个人资源和个人需求进行有效连接，注入文化深度以形成用户深入挖掘问题的习性，以获得用户有限的认知资源。

四、结语

在传播资源日渐盈余，受众本位得到确立，移动场景传播取代固定的单向传播而成为主流的碎片化阅读时代，受众获得广域的阅读选择与便捷的阅读体验的同时也面临着阅读文化内涵窄化、知识生产传播非理性化趋势增强以及同质化文本冲击客观性等挑战。用户的碎片化阅读行为反映了层级流动趋向，知识被平等地吸收、消弭或是减少知识沟，技术的发展为社会各阶层之间的流动提供可能性，用户的阅读素养和知识层面在多元因素的影响下有更多提升的空间和渠道。而碎片化阅读使用户产生认知偏差和焦虑心理，陷入原子化孤立的个人在流动的现代社会中内心极易产生孤独、挣扎等情绪。碎片化阅读体现了用户向上层流动意识的同时，催生用户陷入价值迷失和品位固化。积极建构良性阅读模式以拓宽各个层级用户阅读品位，打造流动化的阅读生态是应对碎片化阅读困境的合理选择。

① 杨季钢:《移动传播对社会发展的负面影响研究》,《新闻知识》2016年第12期,第44-46页。

——白冰 ①

数字媒介时代传媒技术进化与人的主体性选择

（云南民族大学文学与传媒学院，昆明，650031）

【摘　要】智能时代，随着技术的进化，机器可以帮助人收集数据并完成信息加工；而人则在技巧性的叙事、深度的解读中发挥自己的特长，也被赋予了新的权利。从新媒体传播来看，每一次技术的突破虽然给媒体带来巨大的变化，但也要注重人的主体性。本文对人人皆媒时代下，如何避免"技术至上"和"无技术论"的影响，以及如何理性看待技术并祛除其神秘色彩，进行了理论上的分析和思考。要对技术进行理性的祛魅，可能需要加强人的独立性与自主性，同时需要进行空间探索，加强对技术过于崇拜的警惕与自省。因此，技术理性与价值理性共融将会变得更为重要。

【关键词】智能传播；技术；祛魅；人机关系；人的主体性

一、引言：何谓媒介技术的理性祛魅？

祛魅（Adorno）这个概念来源于德国学者马克斯·韦伯，他在《新教伦理与资本主义精神》一书中首次提出该词，是指"摒除作为达到拯救的手法的魔力""把魔力从世界中排除出去"，并且是"世界理性化的过程或行为运动"。②该词涉及了经济、政治、文化等多个

---

① 白冰，云南民族大学文学与传媒学院硕士研究生。
② ［德］马克斯·韦伯：《新教伦理与资本主义精神》，于晓、陈维纲等译，陕西师范大学出版社 2006 年版，第 79-89 页。

领域，点明了以理性为核心的现代性特征。可以说，"祛魅"体现在现代化进程的方方面面，伴随祛魅，现代社会真正拉开了序幕，世界进入到一个没有神秘和神圣之魅力的时代。

西方文艺复兴运动表现为人性的复归，重新肯定了世俗的生活，并与高扬理性、反对宗教迷信的启蒙思想相联系，现代性的形成过程展现为由一神论向自然神论、乃至向无神论的转变，由虔诚的宗教向世俗主义转变。韦伯将这一过程称为世界的"祛魅"，而现代性就是表现为世俗化和"祛魅"的过程。

近几年，伴随着智能技术的快速发展，关于"技术至上""反技术"的讨论越来越多，人们的观点不尽相同。所谓理性祛魅可以理解为技术发展各个阶段的神秘色彩逐渐被祛除的过程，乃至分别被人性化趋势所代替的过程。

那么，对媒介技术的理性祛魅是否符合现代化发展的需求？如果是，它仅是需要人的力量操控还是需要多方面的调控？是否可能找到理性发展的通路？对这些问题的思考，有助于我们理性地应用技术，也可以帮助我们深入地理解在万物皆媒的泛媒时代社会协同机制面临的新挑战，并从多角度探寻技术进化过程中祛魅的路径。

二、技术祛魅：技术的神秘色彩在媒介进化过程中逐步褪去

古往今来，媒介技术在进化的过程中不同学者对其看法不尽相同。马克思认为，"技术的资本主义应用，加剧了人的主体性异化。伴随资本主义社会资本剥削的本质，技术也越来越失去人性和理性，成为现代社会的统治术。技术统治导致了人与自然、人与社会关系的彻底改变。人的主体性消失了"[1]。

类似地，麦克卢汉认为受到技术的影响，不是发生在意见和观念的层面上，而是要坚定不移、不可抗拒地改变人的感觉比率和感知模式。[2] 梅洛维茨则从场景角度证明电子媒介打破了物理和社会

① 中共中央马克思恩格斯列宁斯大林著作编译局：《马克思恩格斯选集（第3卷）》，北京：人民出版社1995年版，第448页。

② 胡泳：《理解麦克卢汉》，《国际新闻界》2019年第1期，第81-98页。

场景的传统关系，并创造了新的场景，破除了旧的场景。^①他认为媒介既能创造出共享和归属感，也能给出排斥和隔离感。学者胡泳总结其思想为电子媒介给政治权威展示自身提供了非常重要的舞台，但同时这些权威也失去了印刷环境下神秘的光环^②，因为人们可以清晰地看到具体的人。而一旦政治权威的形象距离与普通人接近起来，任何完美就不复存在了。

此后，波兹曼的观点更为鲜明，他批判当代的电子文化，认为它在吞噬着读写文化、印刷术时代的思想文化和理性传统。他认为每一种技术都有一种哲学理念，都对人产生深刻的影响。新技术改变我们的"知识"观念和"真理"观念，改变深藏于我们内心的思维习惯，从而最终会改变一种文化对世界的感觉。

与波兹曼的悲观态度相反，美国媒介理论家保罗·莱文森则从另一角度看待技术。莱文森在《玩具、镜子和艺术：技术文化之变迁》中提出技术的进化是指由人指引的技术的演进，是增加我们交流选项的进化。^③他将媒介发展分为三个阶段——技术作为玩具、技术作为现实的镜子以及技术作为艺术的接生婆，透过这三种十分具象的比喻可以看出其辩证逻辑是前现实—现实—后现实。与技术进化发展相对应，祛魅化的进程也可以据此划分为三个阶段。

首先，第一阶段的技术具有处于婴儿期的玩具属性，这些"玩具"经常会在社会的边缘发挥作用，在用户眼中像"魔术"一般存在，具有很神秘的色彩。其特性是琐碎的、张扬的、难以辨别的，并且其功能性较弱。由此可见，一切新技术要得到社会承认之前，起初必然以弄臣和特洛伊木马的面目出现，其物质属性虽然显而易

① 车森洁：《戈夫曼和梅洛维茨"情境论"比较》，《国际新闻界》2011年第6期，第41-45页。

② 胡泳：《界限的消失：活在时代的夹缝里》，《新闻爱好者》2017年第6期，第17-24页。

③ ［美］保罗·莱文森：《莱文森精粹》，何道宽译，北京：中国人民大学出版社2007年版。

见，但是其潜在的功能却没有人能理解。① 与之相对应的，这一阶段技术的神秘性最强，那么祛除其吸引力的难度也是最大的，祛魅化进程在此阶段推进艰难。

其次，第二阶段的技术被视为传达现实、与现实互动的工具——镜子。霍尔、麦克卢汉、富勒等人指明这时技术已经并继续代理我们的手臂、腿脚和身体。由此可见，传播媒介与其他技术的不同，仅仅是具体应用和内容的不同。实际上，一切技术都拥有相同的发展模式和动态模式。正因如此，我们也可以利用技术加大对现实世界的控制，随着这一阶段人们对技术更加深入地了解，技术的神秘性减弱，祛魅化的进程推进越来越快，技术的真实面貌逐渐显现出来。

此后，技术进化到第三阶段，成为了一种技术性艺术。把技术看作是一个不断展开的发展的过程，其特征是主观的、会受到内容及受众的引导，类似于现实中的代用品。那么处于这个阶段的大众便会发挥其作用，不再把技术想象得神秘莫测，而是融入我们的日常生活当中，人们可以根据自己的意愿选择性使用技术，技术发展的趋势越来越像人，技术在模仿、复制人体的感知模式和认知模式，因此这一阶段祛除技术吸引力的难度快速降低，我们可以更加速推进祛魅化进程，发挥更多人类自身的作用，揭开技术神秘的面纱。

通过以上分析，不难得出祛魅化的进程随着人们理性认知程度不断加深，技术的神秘色彩在逐步褪去，并且随着一种技术出现后时间的推移在逐步加快。

三、技术选择：人对技术的能动性

莱文森在《软利器》中写到媒介史时，首先探讨了伊克纳顿的神教如何在没有文字的情况下遭受失败。我们这样说他失败，只说

---

① 希里尔·史密斯在《论艺术、发明与技术》提出了类似的思路，他指出，冶金术发轫于项链的制作，轮子登场时是应用于玩具，车床首先是用于制作鼻烟壶，一百年以后才用于重工业。金属铸件最初是在钟铃上完善的，后来才用于铸造大炮。史密斯认为，所有这一切都证明，技术可能源于游戏和审美的冲动，而不是实际的需要。

明了事情的一部分情况。我们宣传的是自认为最吸引人的那一部分东西。然而，只需要略加思索，就可以揭示人与技术关系的另一面：对于我们的发明，我们是可以有所作为的，我们可以提炼、指引技术，使它按照合适我们感知和需要的道路发挥作用，而不是按照改造我们感知和需要的道路发挥作用。在这种语境下，技术的发展越来越理性化了，具体体现在以下四个方面。

1. 生产：人机协作与人的主体意义

随着人工智能技术的不断发展，结合大数据挖掘的能力，人工智能和人类心灵的距离在逐渐缩短。未来的传媒业可以依赖智能化的技术，实现人机交互的内容生产，并在此基础上打造基于万物互联的传媒内容生产机制。通过人机交互加强智能算法中人的主体性，即通过人＋机器，让人工智能更好地体现人的主导性和价值观，最终实现技术理性与价值理性共融。

例如，在新冠疫情期间，一位大学生制作的计算机模拟视频在bilibili平台发布后被央视新闻和人民日报公众号等纷纷转载，击中人心。该视频仅仅用了1分36秒把学生开学后戴口罩、不戴口罩的场景呈现出来，生动地解释了疫情趋缓还不能开学的原因。这也是将每一个人都作为新闻生产者的理性可借助技术呈现出来的优秀作品。

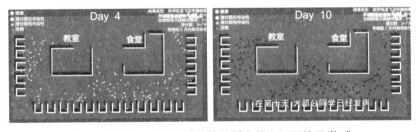

图1　计算机模拟视频《疫情趋缓为什么还不能开学？》

无疑，并非一切技术后果都是于人有益的。我们亟待明晰的是未来机器与人协同运作的界限。因为从短期的人工智能应用来看，人工智能依然是知识机械化和程序化的新闻生产。有些人认为机器是一种工具、一种实现目的的手段，能够写财经新闻、体育新闻、能够计算，但不可能完成富有人情味、有温度的报道。他们甚至可以秉承技术中性论，哲学家芒福德认为，技术只是人类文化中的一个元素，它起作用的好坏，取决于社会集团对其利用的好坏……人类必须了解机器，知其所以然。由此可见，好的新闻不仅由机器人完成，更需要专业人士来完成。

例如，在新冠疫情报道前，机器写作、算法推荐等智能技术发挥了积极作用。但是人工生产占报道的主要篇幅，部分智能技术应用新闻报道的适配性差，疫情深度挖掘报道还是要靠新闻专业人士。

再比如说，央视《新闻调查》栏目用了十年（2008—2018 年）时间跟踪震后杨柳坪村，前后五次采访，跟踪固定人物，如丧子的叶光明夫妻、夏大爷、丧母的文超等，记录了人们在废墟上重建家园，走出苦难伤痛，获得生命动力，建构新生活的真实心路历程。如果完全依靠智能技术，这些将难以完成。

所以，与机器人写稿相比，人的最大价值在于对事实的判断以及对复杂逻辑关系的推理，这是人的创造性的体现。人付出时间精力，深入现场，走进日常生活，全方位观察和体验，有助于洞悉到隐蔽的细节，从而挖掘事物表象之下的真正社会意义。并且，深度调查是无法被智能机器人所取代的，下基层、跑现场更是没办法通过编程来完成，而这才是新闻业的核心。

学者托马斯·克伦普认为，人类建构的数字系统就是人的镜像系统。数字的本质是人，数据挖掘就是在分析人类族群自身。机器人能呈现关于事实的信息，却很难深度解释事实，尤其针对那些需要掌握专业知识来进行的分析、运用知识来总结的经验、依据社会阅历来进行的判断，还是要靠人来解决。

2. 内容：多元纵深的内容体系及审核

2004 年以来，UGC 这一概念被广泛利用，这可以说是对"由成员生产的内容"的认识的发展。与传统的由网站生产内容的方式相比，用户生产的内容不仅可以使信息生产的成本转移到用户，从而减轻网站的负担，而且用户生产的内容更个性化，更丰富多样，更能满足长尾需求。同时也有助于用户人际关系的形成，因此往往更容易产生黏着力。这些内容都可以为网站带来可观的流量,为网站的广告或其他盈利方式提供基础。

诚然,智能技术的发展使得内容高效率传递已经成为事实,但因此带来的很多负面影响却依旧存在。比如说假新闻的出现,信息茧房的产生以及后真相时代的到来,面对这些问题,学者彭兰从三方面已经提出了应对路径——依靠技术发现、核实、纠正可疑信息。①

具体来说,在人工智能领域,对抗假新闻的技术正在探索之中。例如,亚马逊提出来的一个针对假新闻的计划是,建立一个庞大的假新闻数据库,不断收集新数据,训练算法鉴别假新闻,当算法得到升级,它找寻判别假新闻的能力随之增强,形成一种正向循环。比如说《华盛顿邮报》技术团队开发了一款名为 "Real Donald Context" 的 Chrome 浏览器控件,该控件对每条特朗普的 Twitter 进行事实核查,指出他言论中不实之处。安装了该控件的读者,会在原推文下面看到一个灰色小框,里面解释为何这些言论不正确,并附上相关报道的原文链接。国内在疫情期间也启动了人工智能技术开展智能辟谣,来强化信息的准确性,通过腾讯 "较真" 辟谣平台和新浪新闻 App 甄别辟谣专题来开展疫情谣言的高效治理。

根据美国皮尤数据调查机构显示,传统新闻机构在当下已经无法引领数字革命潮流,而未来将是以脸书、谷歌等科技巨头为主导。当下,诸多科技巨头公司已经完成了从 "媒体平台" 到 "平台媒体" 的转变,收编传统媒体内容、分割其广告收入甚至架空媒体品牌使其沦为 "内容提供商"。新闻业与科技巨头之间的博弈引起了国内外学界和业界的广泛关注,像 Facebook 等媒体巨头利用不公开的算法程序代替传统新闻从业者成为新的把关人和议程设置者,其是否应该承担相应的社会责任?新闻伦理问题如何解决?正如《纽约时报》的 CEO 所言,"加入其中会有风险,但是置身事外则会有危险"。在这种背景下,理性运用技术增强人的主导性显得尤为重要。

例如,新冠疫情期间,清华大学清影工作室的在校生沟通了 77

① 彭兰:《导致信息茧房的多重因素及 "破茧" 路径》,《新闻界》2020 年第 1 期,第 30—38+73 页。

数字媒介时代传媒技术进化与人的主体性选择

位作者，使用了 112 条手机短视频，是一种人民视角的呈现，完成了一部抗"疫"公益纪录片。这是一个 UGC 影像创作计划，他们依托快手作为内容来源平台，寻找从 2020 年元旦至元宵节之间用户在短视频平台上发布的疫情相关内容，与他们一起完成一部公益纪录短片。这种方式也体现了虽然没有办法亲临现场，但能把我们人类的主体性发挥得淋漓尽致，聚焦一种共同的心情，那就是不甘，不甘于等待、不甘于旁观。

由此可见，我们可以从新闻内容的生产方式开始，将采编团队、业界人士、自媒体和用户的资源统统集合起来，颠覆传统新闻生产模式，以"众包"方式为新闻提供来源；以资源吸引新的资源，最后将所有资源对接融合，在平台上实现"内容 + 服务 + 社交 + 场景应用"的生态运营系统；开放 APP 入口，为创业公司提供品牌推广等服务，双方分享优质用户流量和广告资源；加入"社交"元素，准备推行商业社交板块。将所有可利用的、积极参与的资源汇集在一起，进行系统、良好地运用。

传播学者胡泳认为："事实可能令人不舒服乃至于令人绝望，但只有采用理性的、以事实为基础的解决方案，我们才能期望一个社会的繁荣。"[①] 未来，我们人类在内容生产中的定位将沿什么方向发展是值得我们思考的。

3. 平台：多元融合下再去中心化的圈层传播

传统 Web 2.0 时代是层级传播的典型，而移动互联网传播的主要平台是社会化媒体，社会化媒体的主要传播流向是圈层传播，是一种以社群中个体创造价值以激发生产力，实现"以人为媒"的传播。

学者彭兰认为，网络的"圈层化"，既意味着人群的圈子化，也意味着人群的层级化。[②] 身处于人与人之间界限感不明晰的社会中，目前的微信群体现着典型的圈子文化。人们会由于现实中的权力关系、社交关系、行业联系以及思想交流结成圈子，由此可见，互联网

① 胡泳：《后真相与政治的未来》，《新闻与传播研究》2017 年第 4 期，第 5-13+126 页。

② 彭兰：《网络社会的层级化：现实阶层与虚拟层级的交织》，《现代传播》2020 年第 4 期，第 9-15 页。

形成的"圈子"实际上是现实生活的"缺席"，它往往是人们主动寻求的一种社会关联，可以看作是人们"在场"的另一种方式。

从层级化的角度看，网络社会既折射着现实的社会分层，又在自身的关系结构中形成了多种维度的分层，主要包括网络话语权、代际、产品与平台、应用能力层级等。对此，学者彭兰进一步得出的结论是从目前来看，现实社会结构仍然是影响网络社会结构的主要因素；另一方面，网络应用虽然未必会实质性地改变人们的社会阶层，但人们的自我感知可能会发生变化。

现在，人们对于产品以及平台是有自主选择权的，毕竟不同层级之间相互流动的可能性似乎没有我们想象的那么强烈，是非常有限的资源输出，所以这并不单纯地取决于技术的发展以及平台的推动，更多依靠的是人的能力以及自身素质的提升。

比如说，2020年4月6日晚，央视新闻新媒体启动了一场"谢谢你，为湖北拼单"的大型公益直播活动。值得一提的是，央视主持人也开始参与类似这些直播卖货活动，快手也发起了县长代言直播带货活动。4月12日，央视主持人欧阳夏丹就携手演员王祖蓝、十堰市副市长王晓等人，当晚卖出6100万元的湖北产品。由此可见，他们为产品的代言更容易放大产品口碑，为平台"赋能"，让消费者对其更加信任，进而影响人们的购买意愿。

4. 用户：反馈机制以及"反连接"选择权

传统媒体用户的数据库，大部分都是从合作方获取，对于数据分析工具而言，其源头是"数据"，如果没有充分的数据量的积累，没有内容比较精准的结构化的数据，数据分析工具就很难得出科学的分析结果。①

对于今天的新媒体来说，社会关系已经成为其内容发布的起始点，用户成为社会化媒体的主角。② 用户反馈的数据对于新闻编辑

---

① 陈昌凤：《数据分析工具：驱动记者与用户的新媒体融合时代信息生产模式的变革》，《新闻与写作》2016年第11期，第41-45页。

② 苏涛、彭兰：《技术载动社会：中国互联网接入二十年》，《南京邮电大学学报（社会科学版）》2014年第3期，第2-8页。

工作室内部人群有不同的曝光程度，其对于评价不同层级人们的工作有很大的参考价值。目前，它不仅存在数字的量化统计，还存在对用户性别、年龄、手机型号、新闻消费的时段和地点的记录。①这些用户画像的组成部分从微观到宏观依次列开，都是影响新闻业的新颖因素，它们影响着新闻从业者的职业判断，使得新闻从业者无法再根据自己的个人价值观和对目标受众的想象去行使"把关人"或"守门人"的角色。

在今年，央视网、高德地图"为天使护航"公益专车行动中，就很好地发挥了用户反馈机制的作用。直播间主持人将对乘客进行连麦采访，传递一线心声，并将网友留言转达给专车医护人员。设置医学专家、雷神山医院建设者、体育明星、外卖小哥等专题连线访问环节，向直播观众提供更高密度的信息，现临场化和互动反馈的内容。

此外，随着 Skype②、Line③、Facebook 的 Messenger④ 社交平台的机器人程序对媒体开放，BBC、《纽约时报》等传统媒体机构也开始以机器人对话的方式将新闻资讯呈现给用户。例如，在 2016 年美国总统大选中，Buzzbot⑤ 新闻聊天机器人和用户交流时，不仅会提出问题，还会通过用户上传的照片或者视频反馈信息给前方报道记者，再将汇总信息发给用户。还有新浪的智能分发可以根据用户疫情期间的关注行为变化，将知识图谱和用户的行为数据相结合，通过用户信息的即时反馈，把握用户需求的动向，进行更为精准的推送。

众所周知，互联网的本质是"连接"，在此基础上，学者彭兰提

---

① 王斌、顾天成：《智媒时代新闻从业者的职业角色转型》，《新闻与写作》2019年第 4 期，第 29-36 页。

② Skype 是一款即时通信软件，它可以在全世界范围内向客户提供免费的高质量通话服务，是最受欢迎的网络电话之一。

③ Line 是韩国互联网集团 NHN 的日本子公司 NHN Japan 推出的一款即时通讯软件，2011 年正式推向市场，其对用户最大的吸引力在于"聊天表情贴图"。虽然起步晚，但全球注册用户超过 4 亿。

④ Facebook Messenger 这个桌面窗口聊天客户端于 2012 年推出，允许客户进行聊天、接收通知并从电脑桌面上阅读新鲜事。

⑤ Buzzbot 是 Buzzfeed 在 Facebook 的即时通信应用 Messenger 上推出的聊天机器人，它通过与用户的有限互动，来提供即时的政治新闻报道。

出了几种"反连接"的路径，包括技术与产品层面的功能或权限设置、用户层面的自我控制力与媒介素养的提升等，并指出，"反连接"是无条件切断所有连接、封闭个体，而是在一定的情境下断开那些可能对个体产生过分压力与负担的连接链条，使个体恢复必要的私人空间、时间与个人自由。[①] 她提倡主要从隐身权、被遗忘权和连接"开关"的控制权三个方面赋予用户权利，虽然有些时候需要发挥技术的作用，但我们更应该关注的是人本身，尊重用户自主选择的权利。

近年来，用户思维给传统新闻报道带来的变化愈来愈多，这种"反连接"的权利越来越能在用户日常生活中体现出来。用户的主动性、活跃度和参与度显著提升，成为了关注、点赞、评论等反馈信息的活跃提供者，更成为了媒体内容的重要生产者，并且能够在一定程度上影响舆论导向和传播范围。

比如说快手、抖音上有各种农民网红，由于智能媒体平台赋权，每一个人都可以通过发布作品直播带货、获取流量，但是关于现如今农村的严肃话题却很少，所以当我们获得技术赋权的同时，农民的话语权是否真的能够体现值得进一步探究。

四、技术趋向：人类由非理性向理性化转向

莱文森指出，无论技术有多大的调适能力，它并不足以完成伟大的叙事，酿造醇香的美酒还是要靠人的头脑。[②] 其观点是具有前瞻性的。在新媒体时代，我们每个人都可以运用很多平台成为新闻生产者，实际上，技术的出现也是人们有意为之的产物，是用人类理性煽起和完成的逆转，具体表现如下。

1. 核心互动模式：人—人连接的跨媒介叙事
美国学者亨利·詹金斯（Henry Jenkins）认为跨媒介叙事的最

---

① 彭兰：《连接与反连接：互联网法则的摇摆》，《国际新闻界》2019年第2期，第20-37页。

② ［美］保罗·莱文森：《莱文森精粹》，何道宽译，北京：中国人民大学出版社2007年版，第27页。

佳代表是《黑客帝国》系列,电影、漫画和游戏,作者与用户、创作者与解释者交融并形成动态的表达环路,每个参与主体都致力于支持其他人的行动并最终拓宽跨媒体叙事的实践网络,使不同媒介所承载的故事能够共享同一叙事空间。实际上,无论是人与内容、人与服务还是人与物的连接,都是以人与人的连接为基础的。

例如,2020年5月1日晚,央视新闻举行"为美好生活拼了"网络直播,央视 Boys 康辉、朱广权、撒贝宁、尼格买提合体带货,网民们还可以为他们的直播写一些标语,这都能体现人与人之间借助媒介的一种互动模式。

除了虚拟场景的互动模式,人与人之间的现实关联也非常紧密。中国人民大学 RUC 新闻坊通过数据的可视化叙事连接了我们的命运共同体,制作了《1183位求助者的数据画像:不是弱者,而是你我》,体现出疫情面前每一个人都是相互关联的。

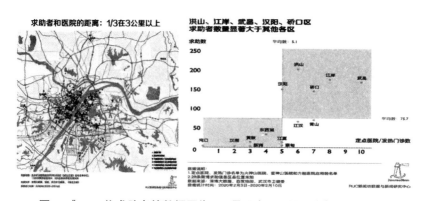

图 2 《1183 位求助者的数据画像:不是弱者,而是你我》RUC 新闻坊

那么在智能时代,当智能技术更多地嵌入到我们的新闻生产当中,比如疫情报道我们会发现新闻的一些不适配的问题,究竟会形成更好的新闻业还是更坏的新闻业呢?决定者是人。

比如说,《南方周末》十年(1998—2007年)跟踪观察三地报道——四川白鹿镇、河南小常庄、福建安海镇,记者在这十年间对于细节的捕捉,与当事人交谈,不仅可以发现数据之外的信息,还能为我们带来真正的"活"的新闻现场。更重要的是,在人与人的眼神交流、互动沟通过程中还能够挖掘人内心的真实情感，这是机器无法实现的。

未来的机器人能不能在历史事件的发展、人类命运的变迁的情况下实现这些报道呢？这是需要时间沉淀的，但可以肯定的是，目前这一点机器人是很难取代的，还是需要人与人之间的沟通和交流才能实现更深层次的信息挖掘。

2. 媒介技术赋能信息源头：传感器与人工智能的多元化综合应用

除了传统媒体过去所依赖的信息外，用户数据、物联网数据也能成为新闻生产的重要资源。用户产生的各种数据是个性化信息生产与服务的基础。比如说物联网中的传感器，在挖掘信息的深度和广度、提升信息和数据准确性方面有独特优势，可优化新闻信息源。

传感器新闻这一概念来源于美国，近年来，它逐渐从概念变成现实，其在作为收集信息工具时可以看作人的感官的延伸，而且可以在很大程度上突破空间的局限性，帮助人们获取更多有价值的讯息。

今天遍布大街小巷的监控摄像头便是一种传感器。它们持续、稳定地记录着某些区域的现场状况，一些新闻事件真相的最终查明，正是得益于这些监控录像。比如说重庆公交坠江事件是依靠行车记录仪还原的真相。

无人机也可以被看作是会飞的传感器，今天它在一些重大新闻报道上的应用，尤其是在新冠疫情防控中发挥了重大作用，如转运疫情急救药品、"空中喊话"宣传劝导，这也成了报道对象。典型新闻有《无人机巡查＋村广播霸气喊话》《可爱！奶奶不戴口罩出门 无人机劝回》《不听招呼？无人机出动"吼"散打牌的！》等。疫情报道同时也在依托无人机技术，提升了传播力。比如说，新华社记者借助无人机拍摄火神山医院建造过程，大数据平台形成疫情地图并实时监测，推出《"火神"战瘟神——火神山医院 10 天落成记》系列报道。此外，人们借助无人机拍摄自己居家邻居的状态，这可以看作是疫情期间信息的传递，了解大家在家期间的心理状态如何。

2020 年 4 月 18 日，广东珠海横琴夜空，300 架无人机编队飞行，组成了一幅幅抗疫医护画面，向珠海市援湖北医疗队致敬。这也是智能时代新闻生产的一种创新。

此外，智能技术赋予了传感器叙事新的结构性特征，对主流新闻叙事产生影响。例如，在瑞士展开的针对浸入式新闻（VR新闻）的生产和接受的访谈研究显示，在VR新闻的主流生产程式下，深度的情绪卷入成为辅佐甚至强化新闻叙事力量的新手段，据此，国外研究者提出新闻编辑实际上获得了一种类似电影导演的身份……新闻最终的形态在很大程度上取决于新闻导演个人的政治、文化乃至美学选择。

国内有研究者曾提出过"人工智能美学"[①]这一概念，希望在此方向上研究人工智能技术发展过程中所出现的与美学有关的一些问题，包括人工智能对人类感性（包括情感）和艺术的模拟、人工智能艺术的风格与鉴赏、人工智能视野下人类情感和艺术本质问题等。将美学思想运用到技术中无疑能增强机器的人情味，更能增加我们之间的共情性交流。

例如，在2019年中央广播电视总台与百度公司展开合作，共同开发AI智能机器人"小白"。同年全国两会现场，"小白"通过采集央视主持人白岩松的声音，利用个性化语音合成技术形成"声音复刻"，打造白岩松"在场"的效果。白岩松认为小白声音的唯真度可以，但是情感还是不行。他建议为小白增加一些类似"啊""真逗""点赞""漂亮"等语气词，以便更好地表达情感。

3. 媒介技术与自我认同的转向：身体意义上的分离

新媒体时代，随着人工智能、虚拟现实等新兴技术的演进，身体与空间关系发生了很大的变化，身体被重新定义。

学者刘海龙认为，"身体"问题重要性的凸显，恰恰是源于我们进入新媒体时代所感受到的、身体在传播中重要性下降所带来的空虚感。因此，他一方面回到麦克卢汉、媒介考古学、控制论和后人类主义，以寻求"身体"的理论资源；另一方面，则借助后人类主义

---

① 陶锋：《人工智能美学如何可能》，《文艺争鸣》2018年第5期，第78—85页。

叙事，从未来视角反思当下的传播研究中身体问题的重要性以及展开方式。[1]

郑震认为，"身体就是一个关系的场，空间性就是意义的关系性"[2]。人们日常的拍摄活动因手机和社交媒体的介入，从人们拍摄的整个过程到照片的发布、传播都发生了极大的改变，这样的变化不仅使得网络技术与个人身体的互动进一步得到加强，同时，也使得拍照中的身体展示和表演延伸到网络的空间，拍照其实也是人们对自我行为赋予新的价值的过程。

例如，学者孙信茹被碧色寨空间中人们展现出的种种极富创造性的拍照方式和身体展示所吸引，活动于其中的游客，通过换装来标榜的"怀旧"意味格外凸显，他们充分运用自己的身体"表演"，在这个空间中寻找了另一种意义。[3] 在西方社会学的视野中，尤其是对身体展开的分析中，一种观点倾向于将身体视作自我的构成要素。从这个角度讲，在消费文化及流行元素的影响下，游客拍照中的身体展示，仿佛照镜子一般，照出的是人们对自我的认识与理解。

由于沉浸传播时代的"身体"不再拘泥于肉身，我们理解的"身体"也可以不必拘泥于肉身，主要指向吸收知觉经验的"现象身体"。"身体在场"是理解当下融合了虚拟与现实、具有超时空泛在体验的沉浸传播（immersive communication）环境和人与媒介关系的关键，这种"身体在场"也使得智能时代的技术与身体呈现出双向驯化的交互特征。

由此可见，身体与媒介、人与技术很难再作为二元对立的关系存在，它们之间的边界也变得愈发模糊。[4] 人们常常会为了建立"人设"借助技术手段而获取他人的认同，有时反而会造成"自我"与

① 刘海龙、束开荣：《具身性与传播研究的身体观念——知觉现象学与认知科学的视角》，《兰州大学学报（社会科学版）》2019年第3期，第80-89页。

② 郑震：《论身体》，《社会学研究》2003年第1期，第52-59页。

③ 孙信茹、王东林：《身体表演与拍照的意义生产——社交媒体时代个人影像实践的田野考察》，《新闻大学》2019年第3期，第1-18+116页。

④ 苏涛、彭兰：《反思与展望：赛博格时代的传播图景——2018年新媒体研究综述》，《国际新闻界》2019年第1期，第41-57页。

数字媒介时代传媒技术进化与人的主体性选择

"他我"的意识冲突，因此人们常常会考虑他人的看法，这样就很难形成真正的自我认同。

　　未来，由新技术引发的媒介融合，更多是技术与人的融合——技术会嵌入人的身体，而成为主体的一部分。这种由技术与人的融合创造出的新型主体，正在成为一个终极的媒介。在这个意义上，为技术所穿透、数据所浸润的身体就是"赛博人"①。而"赛博人"的产生、主体性的变化（传播的主体已经从掌握工具的自然人转变为技术嵌入身体的赛博人），是媒介融合出现后一系列社会系统融合重组的根本性条件与动力，也是技术祛魅化进程中的加速剂，能很好地将价值理性与技术理性结合在一起。

五、技术路径：未来技术发展展望

　　通过上文的分析可以看到，技术的祛魅化需要依靠人的理性认知。正如美国学者西奥多·罗斯扎克所分析的那样，信息具有无法触摸、无法看见，但是却让人喝彩的丝绸的品性。皇帝的虚无缥缈的新装，就是用这种丝绸，在想象中编织出来的。虽然技术的发明一开始带有神秘色彩，但在信息生产、内容分发、平台融合、用户反馈机制都有可能祛除其神秘魅力，技术的理性化发展，也是多重因素的共同作用，这也就意味着，技术的理性化也需要多重路径。

　　1. 抛去"旧装置"理念

　　传播学者麦克卢汉称这种"旧装置"的思想障碍为"后视镜观点"②，这种思想障碍归根结底是由于我们对于新技术的不了解，企图通过旧经验来看待新事物。比方说人们会把汽车叫作"无马牵引的车"，把广播叫作"无线电"，把飞机叫作"飞行船"。③

　　格迪斯是第一个系统地提供一个完整乌托邦理想的人，他将乌

---

　　① 苏涛、彭兰：《反思与展望：赛博格时代的传播图景——2018年新媒体研究综述》，《国际新闻界》2019年第1期，第41-57页。

　　②［美］保罗·莱文森：《莱文森精粹》，何道宽译，北京：中国人民大学出版社2007年版。

　　③ 马歇尔·麦克卢汉：《理解媒介——论人的延伸》，北京：商务印书馆1964年版，第158页。

托邦放在电力技术理论中，试图在机械与电力技术之间制造一种质的区别。他预言了一个"从机器和金钱构成的经济到由生活、个性与公民构成的社会的伟大转型"，并且认为"存在两个截然不同的工业时代，它们分别以蒸汽和电力为特征"。他将现代看作介于"旧技术的"机器设备与"新技术的"发明创造之间的阶段。

众所周知，没有任何一个技术是一条路走到底的，"补救性媒介"[①]（remedial media）的技术发展，是技术进化的一个基本模式。例如，2020 年普利策新闻奖第一次新增了"音频报道奖（Audio Reporting）"，颁发给了播客作品《出局的人群（The Out Crowd）》。这一报道由知名播客《这就是美国生活（This American Life）》与《洛杉矶时报》和 Vice 新闻的两位媒体人合作创作，讲述了被特朗普政府"留在墨西哥"（Remain in Mexico）政策影响的人们。虽然目前短视频越来越受到大众的青睐，但音频其实是融媒体当中不可缺少的一部分，很大程度上能给媒体带来生存模式的突破创新。

实际上，数字的传播非但不会给我们造成新旧之间的隔阂，反而会将各种碎片化的信息融会编织，带给我们更丰富的信息资源，因此我们应抛弃原有的"旧装置"理念，才有可能在不确定性面前，发挥我们新闻人"奔向火焰"的勇气。

2. 进行空间探索

这里的空间探索分为两部分，一是宇宙空间，二是网络空间。

从宇宙空间来讲，技术对其进化过程的冲击非常深刻，莱文森曾提到技术正在从人类回流到生命宇宙与物质宇宙中[②]，在人类出现之前，宇宙曾经历的物质、生命、人脑阶段可以概括为是自然的、前技术阶段，人通过技术去探索更为广阔的空间实则是目前面临的核心问题。因此我们也可以把人类有意识的活动看作是宇宙内外颠

① 1984 年，莱文森在《大众传播与技术研究》（Studies in Mass Communication and Technology）杂志上发表题为《媒介进化与理性对媒介决定论的钳制》中最早提出"补救媒介的媒介"（media-remedial media）概念，表达了媒介进化史是一部媒介间的补救史的观点。

② ［美］保罗·莱文森：《莱文森精粹》，何道宽译，北京：中国人民大学出版社 2007 年版，第 56 页。

倒的一个案例。

或许我们大多数时候觉得面对浩瀚的宇宙无能为力，而对生命技术又缺乏控制力，这些主观感受我认为其实并非来源于技术的问题，而是我们人类自己。所以说，我们对于技术的理性审视还是要从承认生命作用开始。

例如，美国约翰斯·霍普金斯大学的疫情数据更新图，如今被多国媒体或政府部门在疫情更新发布时引用。这份疫情图创作和维护的核心人物是两名中国留美博士董恩盛和杜鸿儒，他们对数据收集整理并与世卫组织数据比对，做自动更新代码的编写。赛尔奇·蓬多瓦兹大学文明与文化认同比较研究所研究员张伦接受媒体采访时说："狭隘的民族主义、国家主义从来不是把一个民族推向文明的动力"，"热爱自己的国家是毫无异议的，但是能不能在自己的民族和国家之上有一些更超越、更深广的价值？这可能是决定中国未来文明走向的关键"。两位博士生的做法已经远远超出了狭隘的民族主义与国家主义，以关注生命为重，打破空间的限制，将生命技术与人完美地结合，为世界能越来越好地发展贡献力量。我认为这也是我们今后需要大力提倡和重视的方向。

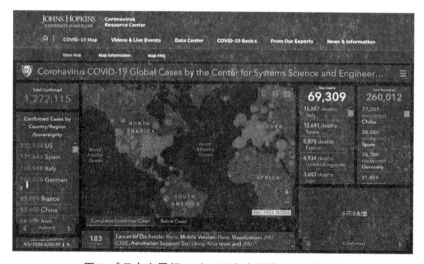

图3 《日点击量超 10 亿，两名中国博士生"操盘"
全球最流行新冠肺炎疫情图》

接下来是另一层面的空间探索。如今，人工智能时代的技术拓展，扩充了新闻叙事空间的遍在范围，也重构着叙事空间的自身形态，并最终直接和现实空间发生对接与勾连。比如说科大讯飞人工智能虚拟主播利用讯飞的语音合成、图像处理及多语种技术，实现疫情新闻的多语言播报，是全球首个人工智能多语种虚拟主播向国外的朋友播报疫情讯息。

网络空间对人们的影响除此之外还有长期携带手机的习惯，已经渗透到了主体的潜意识，并成了一种必需的"集体无意识"。人们对手机的依赖不仅让人们遭受到严重的生理辐射，更重要的是心理土壤的"被霸占"。

比如通过手机刷微信，在不同的微信群中展现自我，体现自己的主体价值，目光时时游离于各种微信群的新消息，形成了所谓的超级注意力，不断转移自己的视线，不断制造新的话题，即使是在学习或者工作之中，也会常常把手机作为我们的随身"器官"，人们倾听着手机的各种提示声音，查看身边各种微信群的动态，这种高强度的注意力转移使很多人经常心不在焉，明明知道新东西经常是一文不值的，还是会充满渴望，于是，在碎片化的手机化生活中，个体的时间和空间被严重地割裂，就好像得到了某种指令，大脑神经和手机信号紧密相连，手机族成为现代人生活的新象征。

再以在线教学为例说明。比尔·盖茨对在线课堂有很好的见解。他认为"要明智地运用技术。技术是对教师的重新部署，而不是要去取代他们"。例如，新冠疫情期间，师生无法共同在一个现实空间中"在场"，但可以选择"云在场"，通过网络空间互动探索新知，由此可见，在线课堂虽然是革命性的，但它更有可能作为正式教育空间的补充，而非替代。

综上所述，宇宙空间的探索在未来很长一段时间都将会成为我们的计划，面对未知的不确定性，生活在这个世界中的我们都有责任运用技术手段来寻求生存的意义。网络也拉近了人们的空间距离，英尼斯在很早已经认识到了电子媒介的主要用途不仅仅是提供娱乐和信息的工具，他认为，电子通信的速度与距离扩大了社会组织的规模，极大地提高了文化和政治领域的集权化和帝国主义的可

159

数字媒介时代传媒技术进化与人的主体性选择

能性。① 电子通信的最终用意很可能是通过电话与电脑的使用以极度扩大现代人的空间偏向，使地球上任何两个角落的人都可以随意在线，无障碍地交流。

六、小结

哲学学者邓晓芒指出："人的理性，即人的自我反思，人的自我意识，也即对盲目意志（欲望）的抑制，也是人获得真理和真正的自由的必经之路。"② 在对未来媒体的研究范式中，智能媒体不是对人的绝对统治，也不是一般的物质媒介，而是一个不断地与人类的价值规范进行同构的过程，是一种生态学视野下的有机整体。

罗杰·费德勒也曾提到过"三十年原则"：一项重要的新技术运用于社会时，在第一个十年会广受好评，让相当一部分人产生美好的憧憬，但只有到了第三个十年，它才会被公允地评价，并真正融入日常生活。

尽管技术现在面临诸多挑战，但是正如莱文森的媒介进化论所说，媒介的演化服从人的理性，有无穷的发展潜力，人总有办法扬其长避其短，这也是我们看待新媒体应有的思路。事实上，任何人工智能产品只是一种技术化的信息资源利用模式，人类才掌握着将物质形式存在的信息转化为符号形式信息的终极权力。我们要不断发展和利用新技术，以人的理性思维为主导，一层层祛除技术的神秘面纱，使人与机器共同进化。

智能时代，技术的迅速发展使新闻业面临着原来大规模机器生产遇到的难题。

或许，在这种情况下，我们更应思考的问题是：如何更加有效地处理好在技术进化与人的主体性选择之间的矛盾，如何更好地将技术运用到新闻业当中以服务于用户，进而去拥抱技术理性与价值理性共融的未来世界？

---

① ［美］詹姆斯·凯瑞：《作为文化的传播》，丁未译，北京：中国人民大学出版社 2019 年 4 月版，第 124 页。

② 邓晓芒：《西方启蒙思想的本质》，《广东社会科学》2003 年第 4 期，第 36—45 页。

参考文献

［1］［德］马克斯·韦伯：《新教伦理与资本主义精神》，于晓、陈维纲等译，西安：陕西师范大学出版社 2006 年版，第 79-89 页。

［2］《马克思恩格斯选集：第 3 卷》，北京：人民出版社 1995 年版，第 448 页。

［3］胡泳：《理解麦克卢汉》，《国际新闻界》2019 年第 1 期，第 81-98 页。

［4］车森洁：《戈夫曼和梅洛维茨"情境论"比较》，《国际新闻界》2011 年第 6 期，第 41-45 页。

［5］胡泳：《界限的消失：活在时代的夹缝里》，《新闻爱好者》2017 年第 6 期，第 17-24 页。

［6］［美］保罗·莱文森：《莱文森精粹》，何道宽译，北京：中国人民大学出版社 2007 年版，第 33 页。

［7］彭兰：《导致信息茧房的多重因素及"破茧"路径》，《新闻界》2020 年第 1 期，第 30-38+73 页。

［8］胡泳：《后真相与政治的未来》，《新闻与传播研究》2017 年第 4 期，第 5-13+126 页。

［9］彭兰：《网络社会的层级化：现实阶层与虚拟层级的交织》，《现代传播》2020 年第 4 期，第 9-15 页。

［10］陈昌凤：《数据分析工具：驱动记者与用户的新媒体融合时代信息生产模式的变革》，《新闻与写作》2016 年第 11 期，第 41-45 页。

［11］苏涛、彭兰：《技术载动社会：中国互联网接入二十年》，《南京邮电大学学报（社会科学版）》2014 年第 3 期，第 2-8 页。

［12］王斌、顾天成：《智媒时代新闻从业者的职业角色转型》，《新闻与写作》2019 年 4 期，第 29-36 页。

［13］彭兰：《连接与反连接：互联网法则的摇摆》，《国际新闻界》2019 年 2 期，第 20-37 页。

［14］陶锋：《人工智能美学如何可能》，《文艺争鸣》2018 年第 5 期，第 78-85 页。

［15］刘海龙、束开荣：《具身性与传播研究的身体观念——知觉现象学与认知科学的视角》，《兰州大学学报（社会科学版）》2019 年 3 期，第 80-89 页。

［16］郑震：《论身体》，《社会学研究》2003 年第 1 期，第 52-59 页。

［17］孙信茹、王东林：《身体表演与拍照的意义生产——社交媒体时代个人影像实践的田野考察》，《新闻大学》2019 年第 3 期，第 1-18+116 页。

［18］苏涛、彭兰:《反思与展望:赛博格时代的传播图景——2018 年新媒体研究综述》,《国际新闻界》2019 年第 1 期, 第 41-57 页。

［19］马歇尔·麦克卢汉:《理解媒介——论人的延伸》,北京:商务印书馆1964 年版, 第 158 页。

［20］［美］詹姆斯·凯瑞:《作为文化的传播》,丁未译,北京:中国人民大学出版社,2019 年第 4 期, 第 124 页。

［21］邓晓芒:《西方启蒙思想的本质》,《广东社会科学》2003 年第 4 期, 第36-45 页。

—袁田田①

新闻事件改编电影的叙事伦理研究

——以电影《我不是药神》为例

（广州大学新闻与传播学院　广州　510000）

【摘　要】不同于新闻通过客观的事件报道来反映现实问题，电影更多地以讲述故事的艺术方式来实现创作者的话语表达。在叙事模式的差别下，新闻事件改编电影可能因理性陈述与感性表达的冲突而产生伦理问题，但也正是因其基于现实的情感动员，使伦理价值得以更有效地传达至观众。本文从叙事伦理的角度，以电影《我不是药神》为例，分析影片为使叙事更具代入感、共情力和直观性所导致的来自当事人、相关群体和事实维度的伦理问题，以及由此达成的在共享视角下情绪共鸣与情感动员的效果；并且研究在承认政治的视域下，新闻事件改编电影如何通过平衡事实与表达、平等与差异，在现实联动与感性叙事下形成打破理解壁垒与立场隔阂的同情公众，从而实现承认正义并推动分配正义的可能。

【关键词】新闻事件；电影改编；叙事伦理；媒介批评；承认政治

让·米特里认为，"电影中总有一个'别人'在指引着观众观看和理解世界的某个部分，观众面对的不是现实，而是别人对现实的

---

① 作者简介：袁田田，广州大学新闻与传播学院研究生。

看法"。①电影不可避免地蕴含着创作者的价值观念，映射并影响着社会现实。此外，电影作为想象界的直接呈现，观众在观影时带有忘我的意图，即倾向于抛开自身而投身于电影的叙事之中。②于是，电影的创作者与欣赏者达成了双向互动机制：前者主观地制造出蕴含着话语表达的影像，后者主动地沉浸于光影之下的虚幻世界。

自从维特根斯坦证实了语言的意义在于"使用"之后，人们普遍意识到"叙事不仅仅是故事，而且也是行动，即某人在某个场合出于某种目的对某人讲一个故事"。③国内首次提出"叙事伦理"概念的刘小枫将其描述为通过有血有肉的叙事，在不动声色之间提出伦理诉求、分享个人对于生命的某种感觉。④也就是说，叙事伦理是指创作者通过叙述故事所表达出来的对人生的看法。叙事伦理研究作为伦理学与叙事学的有机融合，其内容不仅包括从文本层面识别叙事传递的价值，还包括分析创作者的叙事方式、观众的接受效果以及作品对现实所产生的伦理影响。"新闻事件改编电影"以新闻报道作为故事蓝本，对客观现实进行感性的叙事改编，影像化地对事件进行主观重构和再次传播。此外，因其与现实的较强联动，在片中主角所遇到的困境得到想象性的解决之后，观众仍会将讨论延续至真实空间，从而形成裂变式的社会效果。本文从叙事伦理的角度，以电影《我不是药神》（以下简称《药神》）为例分析新闻与电影的叙事差别以及跨媒介改编过程中所产生的伦理冲突，并探讨这种叙事的转换如何助益于伦理价值的传递，由此研究新闻事件改编电影在承认政治的视域下是否进一步产生了伦理重建的效果。

---

① ［美］达德利·安德鲁：《经典电影理论导论》，北京：北京联合出版公司2018年版，第163页。

② ［美］达德利·安德鲁：《经典电影理论导论》，北京：北京联合出版公司2018年版，第198页。

③ 曲春景：《中国电影"叙事伦理批评"的电影观及研究方法》，《同济大学学报（社会科学版）》2019年第6期，第77—83页。

④ 刘小枫：《沉重的肉身：现代性伦理的叙事巧语》，北京：华夏出版社2007年版，第4页，第7页。

一、客观事件与感性改编：叙事转换下的伦理问题

新闻作为社会公器，负责告诉公众真实的外部世界，从而对社会进行舆论监督，于是其首要原则为超功利地追求真实，这种客观性原则也将新闻与其他形式的传播区别开来。[①] 电影则是一门讲故事的艺术，它犹如梦境，创造出一个虚幻的现在，一种直接呈现的过程。[②] 新闻事件改编电影通过转换叙事的视角、风格和结构，使观众更顺畅地代入角色、投入叙事并理解伦理表达，但也由此产生了来自当事人、弱势群体与社会现实维度的伦理问题。《药神》的故事取自陆勇非法代购并贩卖印度仿制药品以挽救慢粒型白血病人的新闻事件，其中为了让故事更具代入感、吸引力和直观性，影片对人物身份、事件呈现和核心矛盾等内容都作出了不同程度的修改。然而影片对陆勇本人的聚焦、对病人群体刻板的煽情化呈现以及对核心矛盾的转嫁，由于直接对应着现实中的真人真事，受到了来自各方的伦理争议。

（一）人物转化聚焦下的道德压力

麦茨在拉康"镜像论"的基础上提出了第二电影符号学，认为观众对电影的认同分别通过对摄影机的第一层认同以及对片中角色的第二层认同来实现。[③] 新闻事件改编电影为了方便观众代入剧情，一改新闻中立的叙述立场与视角，而选取主角放在中心以叙事、转化其基本身份以获取认同，但这可能使当事人因隐私被曝光而遭受巨大的舆论压力。叙事行为和任何其他行为一样都不拥有绝对的自由性，因为它同样涉及与"他人"的各种关系问题。[④] 尤其是当媒体

---

① 陈力丹：《关于新闻真实的三个理论问题》，《青年记者》2011年第7期，第35—36页。

② ［美］苏珊·朗格尔：《关于电影的笔记》，北京：中国电影出版社1990年版，第323页。

③ ［法］克里斯蒂安·麦茨：《想象的能指》，北京：中国广播电视出版社2006年版，第16页。

④ 曲春景：《导演的叙事行为是否具有道德豁免权》，《探索与争鸣》2015年第4期，第80—83页。

把处在私人领域的个人不加保护地强行曝光于媒体新情境时，报道对象可能在社会期待的压力下被迫改变原有角色，并会因为无法完成转变而感到窘迫和不安。[1] 新闻事件改编电影在牺牲中立性以换取代入感的跨媒介改编时，需要权衡并告知当事人贬低或拔高角色可能对其造成的道德压力。

例如，根据新闻报道可知，陆勇是一名身患慢粒型白血病的病人，靠经营纺织品工厂支撑着长期购买天价药的费用。在偶然得知印度廉价仿制药的存在后，他开始为数千病友免费代购，并在事发后因无牟利行为而被免罚释放。然而在电影中，主角程勇却作为一个健康人出场，且起初是出于盈利目的才勉为代购仿制药。他的身份还被设置为一个因家暴前妻而离婚、无力抚养儿子以及支付父亲医疗费用的"印度神油"店老板。在经历好友的接连死亡之后，他才逐渐抛弃自私，开始真心地帮助慢粒白血病人，并在结局被捕入狱时成为病友心中伟大的"药神"。影片极端地矮化了角色的初始设定，虽然使其最终通过自我牺牲走上英雄之路的转变更具震撼力，但也对当事人的声誉造成了伤害。加上片方直至上映前才联系原型人物陆勇的做法，直接导致其就版权、名誉权、消费病人痛苦等问题在社交媒体进行控诉，从而使影片陷入与核心主题无关的争议风波之中。此外，影片把病人被迫抗争的事件变成了普通人甚至"失败者"成长的故事，可能使部分观众在想象性的"阶层认同"中确认弱势身份的同时，又在现代性意识形态制造的"成功"神话中汲取希冀后来居上的能动性力量，而遮蔽了现实生活的社会对抗和创伤。[2]

（二）事件极化抒写下的群体误认

事件越是触及公民道德底线，越具有震撼力，也就越能打动人们的情感，形成群体性事件的可能性越大。[3] 在观众代入主角的视

---

[1] 陈力丹、王辰瑶：《"舆论绑架"与媒体逼视——论公共媒体对私人领域的僭越》，《新闻界》2006年第2期。

[2] 季亚娅：《底层叙事：言说的理路与歧途》，《江汉大学学报（人文科学版）》2006年第6期。

[3] 杨国斌：《悲情与戏谑：网络事件中的情感动员》，《传播与社会学刊》2009年第9期。

角后，影片继续将事件进行极端化的改编，以超出道德认知的戏剧化情节震撼观众，从而使其投注更多的注意力与情感，从而认同主角一方在悲惨境遇下做出的特殊行为。然而悲剧性的悲哀是纯粹的、冷静的、伟大的，绝无引起激动、愤怒、指责的成分，这是崇高感和怜悯感的区别，前者能跨越时空地作用于人的精神，后者却只能短暂地起到催人泪下的效果。① 的确，不同于新闻报道的中立呈现，新闻改编电影可以将视角与立场跨向弱势一方，可对苦难的夸大可能会使观众产生对他们生活状态的错误认知。并且，若是叙事煽情过度，会使观众将弱势群体作为不平等的客体来凝视，情绪停留在宣泄的层面而无法深入思考苦难背后的深层原因，甚至造成"同情疲劳"。同情疲劳是指公众被媒体关于他人痛苦的叙事淹没所导致的冷漠与倦怠的情感，正如桑塔格所说，"照片创造了多少同情，也就使多少同情萎缩"②。泛滥的痛苦使受众在反复接触后变得麻木，而只有不断加大苦难的程度才能打动其情感，于是越来越夸张的叙事使弱势群体的形象逐渐偏离真实，对其的帮扶也随之大打折扣。

在陆勇案的真实情况中，慢粒白血病患者并不需要戴口罩，患病症状也是浮肿而非消瘦。影片对此进行改编，一是为了符合视觉上病人群体的刻板印象，二是力图与悲情叙事相结合，激起更强烈的情绪反应。此外，影片虽然将主角改写为了健康人，但在其周围设置了被正版药拖垮的吕受益一家、住在破旧宿舍买不起正版药的"黄毛"等底层病友，并在成长叙事后给予其毁灭性结局，达到了极强的煽情效果。影片中隐含的叙述者视角站在了弱势病患的一方，通过展示他们走投无路的境况以及善良可爱的一面，引导观众对其产生认同与共情。但是，这种奇观化的展现触及消费苦难的伦理问题，不仅可能使病患群体处于"他者"地位而被看作是异类或施展

---

① 斯炎伟：《当代文学苦难叙事的若干历史局限》，《浙江社会科学》2005年第6期。

② 袁光锋：《感受他人的"痛苦"底层"痛苦、公共表达与"同情"的政治》，《传播与社会学刊》2017年第40期。

同情的对象，还可能使观众对影片的情节产生怀疑与疲劳。

（三）矛盾简化对立下的事实错位

在观众对弱势群体实现代入与认同后，影片为了促成实际帮扶行动的发生，不仅强化了情感叙事，并且将叙事结构简化为因果单一的线性逻辑，从而易于观众理解剧情、看到矛盾的根源以及拥有问题解决的方向与对象。媒体所秉持的"弱者的正义"，虽然与新闻专业主义要求的中立、客观不符，但由于"情感"的正义性有时也就被正当化了。[①]影片为了降低观影门槛、达成更广泛的正义，抽出了二元对立的善恶双方，形成了更为清晰的伦理价值导向。在弱势群体与强力集团的对比叙事中，观众更可能被激起对遭遇不公者的同情，以及被唤起愤怒的情绪。然而这种对现实的简化，除了叙事本身的省略带来的误解外，还有审查等原因造成的归因有失偏颇下的事实错位，在同情与怨恨的情绪交织下甚至可能造成舆情失控的结果。

陆勇案的原报道在关注慢粒白血病人绝望自救的同时，展示了长期购买高价药却仍难逃家破人亡的辛酸，也提及了购置仿制药的艰难，但重点还是对不完善的医保制度的诘问。而影片巧妙地避开了对此的直接指责，将核心矛盾转移到售卖正版药的跨国药企身上，并且对权力机构秉公执法的行为质疑。影片夸张地展示了典型人物吕受益脆弱枯瘦的外形、苦中作乐的性格和苦苦支撑的家庭，将病人的苦难无限放大；与之相对的，代表着资本的药企代言人则西装革履地梳着大油头，对他人的困苦不仅视而不见而且表现出明显的嫌弃之情，可以说是被完全地塑造为反派丑角。这两个人物形象的鲜明对比，展现出了创作者明显的好恶判断，即对底层病人的同情以及对大型药企的谴责。此外，程勇的亲属曹斌作为打假警察，也在了解病人群体境况之后，对秉公执法的信念产生了动摇，最终在法理与人情之间选择了后者。在贫富和情法这两对矛盾的强烈作用下，影片的正邪塑造得到充分展现，即为了生存而买卖盗版

---

① 袁光锋：《同情与怨恨——从"夏案"、"李案"报道反思"情感"与公共性》，《新闻记者》2014年第6期。

药的主角一方是正义的，罔顾病人生死贩卖高价药的药企以及维护药企的警察是不义的。可是在现实中，这样简单的对立对于正版药企与警察群体是不公平的，因为归根结底，完善的医保制度才是保持市场秩序、维护病人权益的基本。可是影片避而不谈制度漏洞或正版制药公司的研发与运营成本，将错综复杂的正盗版制药公司、走私犯、相关权力人员和医保制度的关系进行简化，在大量观众心中留下了难以挽回的刻板印象与对立情绪，直接使得舆论一时将"穷病"的矛头完全归结于正规运作的药企与警察，而为其"伸冤"的理性评论直至讨论热度褪去也始终未能普及。

二、真实营造与情感动员：行动意涵下的伦理表达

理性的事实与感性的情绪虽然可能在新闻改编为电影的过程中产生对立，但基于事实的情绪推动可以更为有效地促进电影叙事的伦理表达。电影相较于新闻，不仅可以在更具感染力的视听影像的推动下产生更为强劲的事实感，还可以将经验性、现实性和意义性深度结合，通过自然化的改造扩大事件的场域。[①] 虽然为了使影片更具代入感、震撼性与行动力，《药神》的叙事偏离了中立、理性与客观，但其话语表达也因此在统一的视角下重组了事件的意义，给予了观众更为全面可靠的真实感。在观众的主动配合中，这种悲情叙事形成了情感共鸣、强化了情感真实，更好地实现了价值传递与情感动员。

（一）真实底色形成信任基础

观众与角色视点的重合，使人们在观影时对事件的解读站在了同一立场。在这种共享视角下，电影可以发挥其视听渲染与叙事整合的优势，展现更全面可信的真实，达成观众的信任基础。新闻报道由于主体的不同，诉说真相的视角以及判断事件的立场也都不同，于是真相被淹没在了罗生门般各执一词的争论中。事实的纷繁复杂和新闻报道对其不可避免的简约这一新闻本身的基本矛盾被

---

① 赵禹平：《真人真事改编电影的"跨界叙述"分析》，《北京电影学院学报》2019年第7期。

无限放大，新闻真实由此表现为了一个认识过程。[1] 正如胡塞尔关于"桌子"的著名比方：桌子由于受站立位置和观察视角的限制，不会一下子全部呈现它的样子，"我"只能不断地绕着桌子一面一面地看。没有稳固的事实作为支撑，每个人所看见的都是真实的一个面向，人们难以对新闻报道的具体事件做出有效判断，讨论也将大面积地停留在争执真相的层面。而新闻事件改编电影为观众提供了认知事实的信心，因为它取材自尘埃落定的封闭事件，可以对照着"完整的桌子"、全面的真相做出叙事。

胡塞尔还提到，事实世界是无法可依的，需要意义的整合。[2] 新闻事件改编电影正是整合了海量新闻中的碎片化事件，通过叙事使其产生了具有整体性和结构性的意义。电影呈现的真实，是符合现实逻辑与生活经验的艺术真实，创作者在客观影像与事件的基础上加入主观的选择与构想，也是为了探寻蕴藏于表象之下的本质真实，这是一种对事物运作规律的总结与揭示。观众观影之后，不是获取了对某件具体事情的事实判断，而是形成了对某类事情的价值判断，且这种洞察力是由充满信息量和感染力的视听表达作为支撑的。这个时候，事件细节的重要性让位于结构性事实，影片制造的情绪在既定的轨道上得到更好的蔓延。于是，观众被聚拢在同一视角与立场之下，在统一的叙事框架中对指向的群体抱以同理之心。例如观众在观看《药神》时，不会去纠结主角程勇的道德瑕疵，或者站在其他立场去质疑事情的真相，而是会倾向于代入叙事视角所指向的主角一方，感受并相信他们被逼无奈的境遇。

（二）悲情叙事强化情感真实

在共享视角打造的信任基础上，悲情叙事加深了观众对角色的认同感，使其产生了强烈的情绪共鸣，并形成了情感上的真实。从伦理学来看，同情伦理学对"同情"的认识有两种取向，一是将其视

---

[1] 陈力丹、孙龙飞、邝西曦：《泛众传播视域下的新闻真实》，《新闻与写作》2016年第3期。

[2] 王鸿生：《胡塞尔现象学：叙事伦理的奠基与预演》，《同济大学学报（社会科学版）》2012年第5期。

为自然的天性，二是将其视为借助一定的想象力或自我反思能力所形成的与当事人相类似的心理倾向。① 观众面对他人的痛苦，可能因本性而产生同情，还可能因回想起似曾相识的经历而产生共情。所谓悲情叙事，就是把悲情作为文本的主导情感基调和风格，让主角成为悲情表达的符号。② 这种叙事方法唤起了观众对痛苦的感知，成为了不同身份的人们之间心灵的纽带。观众在情感上与角色趋于一致，从而形成了情绪联动与共振的效果，由此得到了一种真实的情感体验。

巴赞认为，电影的真实性来自机械记录的有逻辑的影像世界，这同时赋予了电影呈现真实的使命。③ 也有学者指出，电影本质上是情感大于理性的，那么情感的真实也就大于客观真实。电影的真实其实是观众内心的一种真实，是情感的一种真实，这对影像的意义传递是非常重要的。④ 电影外在的真实除了由视听的真实感达成，还在于影像对现实世界的合理呈现，即使是纯虚构类型的电影，也要基于观众的视听经验以及社会经验进行创作；电影的内在真实则是基于其逻辑的合理性所达成的心理的真实，拥有着"于事未必然"但"于理必可能"的效果。在悲情叙事的情绪推动之下，影片若是符合一般的客观经验与情感认知，比起细节的真实，创作者和观众都十分默契地希望可以在观影时不加怀疑地感受影片传递的人道主义关怀。正如观众不会去细究电影《药神》中病患戴口罩的合理性，因为比起慢粒白血病患者生活的真实细节，更需要观众知晓的以及观众更想知晓的是其悲惨的状态。创作者通过情感真实的营造，传达出了对弱势病人深切的关怀之心，以及对底层群体悲惨境遇的道

① 武秀霞：《论教育者的"同情"立场——基于同情伦理学之同情理论的认识》，《教育理论与实践》2012 年第 22 期。

② 汤景泰：《情感动员与话语协同：新媒体事件中的行动逻辑》，《探索与争鸣》2016 年第 11 期。

③ [法]安德烈·巴赞：《电影是什么》，南京：江苏教育出版社 2005 年版，第13 页。

④ 蔡东娜、贾云鹏：《论电影"真实感"的三个层次》，《艺术百家》2015 年第S1 期。

德控诉。

（三）行动意涵促成情感动员

在观众的认同与信任下，新闻事件改编电影简化了复杂的现实纠葛、凸显了主要矛盾，并通过叙事的行动意涵，使人们在道德震撼的情感动员下，将解决问题的意愿转换为现实行动。电影叙事的伦理命题应当与英语句法当中的祈使句大致相似，其意义不是用于指出事实，而是创造影响。[①] 电影语言纯粹、直接的情感效果使其具备了更强的劝导性，在简化的矛盾框架下观众也拥有了解决问题的方向，于是电影叙事的伦理实践不仅在于描述现象，更在于鼓励情感判断或行动目标。新闻事件改编电影的行动意涵，主要体现在它将单一的事件放在社会建构的公共视野中审视，并通过情感动员以期改善现实的社会性意图。情感动员是个体或群体通过情感表达，在持续互动中唤起、激发或者改变对方个体或群体对事物的认知、态度和评价的过程。[②] 道德震撼则是用来描述当事件超出人们的认知时，所产生的道德愤怒与心灵震惊。[③] 基于新闻事件改编而来的悲剧情节，对观众造成了伦理道德上的震撼感，这种对心灵的冲击又因为直接对应着现实而转换成了强大的动员能力。

在《药神》中，慢粒白血病人因无法长期支付天价正版药而面临生存危机，观众在见证其痛苦与死亡的过程中，不禁会对他们的处境展开思考，并在想象性的认同下联想成为对自身的担忧。这些"穷病"、看病难和看病贵等议题，不仅激起了观众的同情，更是在共情的作用下引发了积蓄多时但却一直没有机会抒发的社会结构性情绪，从而形成一股"抽象的愤怒"。叙事内容代表受众对社会现实的准确断言，构成了人们信仰或行动的充分理由。[④] 正是这种普遍

[①] 刘晓希：《电影叙事伦理：理论、实践与意义》，《电影艺术》2019年第3期。

[②] 白淑英、肖本立：《新浪微博中网民的情感动员》，《兰州大学学报（社会科学版）》2011年第5期。

[③] 何明敏：《"公众同情"在中国新媒体舆论中的建构、原因与影响》，硕士学位论文，山东大学，2018年。

[④] 刘蒙之：《叙事传播：范式、理论及在新闻传播研究中的分析策略应用》，《广州大学学报（社会科学版）》2020年第5期。

性的感同身受，使个体的痛苦被赋予了普遍的价值，推动了影片共享视角的达成与情感真实的触达，传递了对弱势群体的同理之心和对不公现象的怨恨之情，强化了帮扶弱势群体的必要性与紧迫感。影片上映后，大众"看见"了慢粒白血病人的真实状况，这不仅体现在票房上的成功，还表现为社交媒体上形成的呼吁保障弱势病人群体的舆论合力，于是其生命诉求终于进入了公共议题的讨论之中。

三、承认政治与视域融合：同情公众下的伦理重建

如今社会正义的要求已经分裂为追求资源更公正分配的"再分配要求"以及要求价值多样性被允许的"承认要求"。[1]"承认"的哲学概念最早由黑格尔提出，并经常与其"伦理"的概念联系在一起，在经由泰勒和霍耐特结合了米德的符号互动论进行经验性转化之后，主要指的是个体与个体、个体与共同体以及不同共同体之间在平等基础上的相互认同与确认。[2]由此，"承认政治"的主要内涵为群体之间的相互承认，尤指为少数文化群体在政治上得到承认而进行的斗争。自由主义之下社会排斥普遍盛行，解决"空虚时代"的问题，需要从"审美学"与"伦理学"两个方面共同努力。[3]新闻事件改编电影在视角共享与信任补足下对弱势群体的关怀，可以使其突破社会的无视与错认，并为相应行动赋予合理性与正当性。不过与此同时也要注意伦理表达与所叙现实的平衡，防止伦理冲突的发生。此外，过度强调差异同样会导致共识的动摇与个人主义的加深，因此还需要注意差异与平等的结合，从而通过建立在尊重与理解基础之上的理性对话，实现视界融合与情感共通的同情公众，共同推动文化、政治与经济层面正义的落实。

（一）承认和误认：叙事与伦理的取舍

一个人特定的文化群体身份得到他人的确认，是其成为一种有

---

① 汪行福：《认同政治时代的正义——南希·弗雷泽的二价正义论述要》，《哲学动态》2008 年第 4 期。

② 杜欢：《承认、多元文化与现代性》，硕士学位论文，复旦大学，2012 年。

③ 徐岱：《审美正义论》，杭州：浙江工商大学出版社 2014 年版，第 5 页。

效政治力量的开始。① 新闻事件改编电影可以为弱势群体争取社会的关注与承认，更好地保障其民事权利、社会福利与政治权利，但同时也要注意误认所带来的扭曲认同，以及避免因过于关注话语表达而造成的伦理冲突。故事使我们与其他人在伦理上分享一个共同的世界成为可能。② 借由拥有强大感受力的电影叙事，人们可以在观影过程中放下对个人利益的执着，重新激起个人主义危机下的同理心，获取对他人跨视角的理解，从而弥补弱势群体在表达能力的局限以及表达权的缺失，推动承认正义的实现。然而在弱势群体获得承认正义的斗争中，往往要面对来自主流社会的压制，这不仅体现为主流文化对其的甄别，还表现在其自身为了实现突围而迎合主流口味的妥协。弗雷泽认为，主流文化对弱势文化的压迫形式主要分为"不承认"与"错误承认"两种，前者指的是主流社会对弱势群体不加注意或无视其存在，让弱势群体的文化、阐释或观点消失于无形；后者则是指主流社会能够认可弱势群体的存在，但是在认知上却存在偏见。二者均是一种压制和囚禁的形式，它们将弱势群体的成员囚禁在一个错误、扭曲和简化的存在形式之中。③ 如果弱势群体的文化身份不被公共认可，那么他们不仅难以构建自我认同，而且很可能失去应有的地位和权利，因此属于心理与社会双重的不正义。

《药神》向观众展示了被医保系统和法制系统漠视的患者群体，帮助其突破了主流文化的"不承认"，促成了社会对购买或代购盗版药这类求生行为的认可，在公众与政府的高度关注下实现了承认的正义。此时，拥有共享视角和信任补足的叙事打通了个体与个体之间、弱势群体与主流群体之间的隔阂，实现了跨越视角的理解与认同。但是《药神》也导致了一定的"错误承认"，例如对白血病人与

---

① 宋建丽：《承认政治与后权利时代的正义——查尔斯·泰勒承认政治述评》，《厦门大学学报（哲学社会科学版）》2013年第2期。

② ［爱尔兰］理查德·卡尼：《故事离真实有多远》，王广州译，桂林：广西师范大学出版社2007年版，第255页。

③ 李艳红、范英杰：《"远处苦难"的中介化——范雨素文本的跨阶层传播及其"承认政治"意涵》，《新闻与传播研究》2019年第11期。

底层群体的极化书写与煽情展示，使叙事变为一种迎合主流想象的景观，不利于构建基于尊重之上的他人与自我认同。这就需要创作者权衡真实与表达，使弱势群体的展现符合其具有独立性的存在从而激发人道主义行为，而非使其变为奇观，导致对弱势群体表面化的呈现与不平等的认同，以致形成同情疲劳或苦难消费。

（二）承认正义和分配正义：差异与平等的平衡

对弱势群体的承认虽然能从更多维度理解贫弱的现象、帮助其建立自身的身份与文化认同，但是过于强调差异又将动摇民主根基、破坏平等共识，因此新闻事件改编电影的创作者还需平衡差异与平等，并认识到承认正义与分配正义的相辅相成。近现代西方社会存在两种政治，一种是自由主义之下倡导普遍主义的尊严政治，它要求普遍平等的公民权利，对非主流的文化采取无视态度；另一种是宣扬特殊主义的差异政治，它要求权利分配时实行偏向弱势群体的差别补偿，由于过于注重差异而不愿承认生活的交流本质。[①]由此，泰勒超越了二者，提出了更为温和的"承认的政治"，呼吁一种建立在平等交流之上的对差异的承认，希望族群之间可以通过理性的对话实现相互认同。在观影过程中，观众不仅可以完成弱势群体理应拥有平等社会地位的认可，还可以形成弱势群体区别于主流群体的差异性认同。在《药神》中，对平等的追求主要表现为每个人，不论他是否得病、买不买得起药，都拥有相同的活着的权利；差异的主张则主要体现在对慢粒白血病人窘迫境遇的刻画上面：他们遭受着来自肉体与精神、物质与文化等方面的摧残，他们需要得到帮助与补偿。

然而，与泰勒认可差异的态度不同，弗雷泽认为所有人都应该作为平等主体参与社会互动，于是承认政治分化为文化多元主义与解构主义两个阵营。[②]若是过于关注平等，就难以超越以单一的经济视角理解不正义现象，并导致差异的消除；而若是过于追求差异，

① 杨赟：《文化平等与民主宽容——泰勒"承认政治"理论的突破与困境》，《浙江社会科学》2017年第8期。

② 贺羡：《南希·弗雷泽的正义理论研究》，博士学位论文，复旦大学，2013年。

则可能损伤平等分配之基、瓦解政治共同体的基本认同。不过，无论是弱化还是强化差异，承认政治首先需要保障的都是公民最基本的权利，比如保障有尊严地活着的权利、追求幸福生活的权利等，这些都是每个集体和每种文化都应该共有的内容。所以需要明确的是，对差异的强调最终还是为了实现共同体的目标，群体的划分不是目的，人们也不应以差异为荣，否则核心问题将无法得到实质性的认可与解决。而且，强调差异所站在的是文化维度，而对平等的强调则是站在政治与经济维度，二者其实并不矛盾，前者还可以起到推进后者的作用。例如《药神》除了打破社会对患者群体的不承认，还在实现承认正义后推动了分配正义的达成，促成了医保的改革和法律的修订，落实了更广泛的平等。因此，对差异的承认不仅弥补了弱势群体文化地位上的不平等，还凸显了现实问题的重要性与急迫性，更快地达成了补偿性的分配正义，二者最终的目的其实都是实现平等。

（三）走向视域融合：现实行动指向的同情公众

新闻事件改编电影相较于新闻，可以拥有更统一的视角、更全面的真实和更明确的伦理表达，相较于纯虚构电影又有着更强的现实依据，这种情感叙事与现实的联动可以一同构建视角共享与情感共通的同情公众，推动社会正义的发生。"共同体"的本意是指建立在自然情感一致基础上的伦理话语，而以叙事的方式建构一种正义的伦理观念，是有史以来贯穿人类文明始终的命题。[1] 早在古希腊，亚里士多德就在《诗学》中提出悲剧可以通过引起怜悯与恐惧来陶冶人们的情感。如今悲剧叙事被搬上大银幕，"电影成为了社会凝聚功能的基本体现者"[2]。在纯虚构的类型电影中，夸张的戏剧效果会使观众的兴趣从事件本身转移到情节的观赏性；与之不同的是，新闻改编电影与现实有着更紧密的联结，即使观众在观影期间因跌

---

① 饶曙光、刘晓希：《抒情传统与诗性正义：共同体美学视域下的中国电影叙事伦理》，《广州大学学报（社会科学版）》2020 年第 3 期。

② ［苏联］B.维里切克：《关于电影社会学的思考》，弓水译、胡榕校，《世界电影》1991 年第 3 期。

宕起伏的情节而忽略主题表达，或者因剧情中的危机解除而得到替代性的满足之后，仍会将对现实中未解决问题的思考带出影院。后者所具有的真实底色与情绪渲染，使得观众在视点代入、情绪共鸣与情感动员之后形成"同情公众"。同情公众通过询唤而出，是以情感为基础的、具有暧昧的解放作用的公众。其中，理智和情感并不总是相互排斥的，并且同样具有真实的参与性和批判性指向，驱动着集体的政治参与。① 在共通的立场、视角与情感之下，观众形成了一群庞大的共同体，为了影片叙事所导向的共同诉求与愿景下产生相似的情绪与行动意向。

电影给予观众体验各种人生的可能，这种人物代入可以转化为身份共鸣与承认正义，并于观影结束后在社交媒体形成舆论合力。原本小概率的个体性事件，经由电影媒介的改编与传播成为与观众息息相关的经历，观众对于现实的认同也得以重新发生。新闻改编电影不仅给予了弱势群体向更广阔的受众发声的机会，还经由大众舆论的加持拥有了强力的话语权，在创作者的引导下就事件本身及其所指涉的问题进行激烈讨论，从而使得新闻报道的社会效用得到进一步延伸与放大。媒介既可以迎合也可以化解社会险情，对于面临高风险的底层社会，大众媒体应该多一些同情、关怀和守候。② 新闻事件改编电影虽然可以实现主流大众对边缘群体的关注，但同时也要防止错误承认的发生，并且避免将分配问题完全强调为承认问题，否则可能陷入空喊"政治正确"的口号而实际问题难以被解决的怪圈。还需注意的是，新闻事件改编电影的强大感染力有可能激起难以控制的社会情绪，《药神》被诟病最多的地方就是其通过明显的阵营划分所传递的仇富心理。有观点认为，影片以弱势群体的视角不断寻找甚至制造共同敌人以增强群体自我认同的做法，表露

---

① 李文冰：《公众同情与"情感"公众：大众传媒时代一种新的社会批判力量——析〈施剑翘复仇案：民国时期公众同情的兴起与影响〉》，《中国出版》2014年第15期。

② 李春雷：《媒介文化视阈下底层青年群体心理极化的传媒干预研究》，《传媒观察》2019年第6期。

出一种民粹化倾向。① 诚然，电影拥有改写真实事件的"特权"，但其肩负的社会责任也要求其叙事应该建立在对基本事实与对"人"的尊重之上，叙事伦理所引导的方向也应该是向爱而非恨、向理解而非对立、向解决问题而非激化矛盾。

四、结语

从新闻到电影，客观的文字叙事转化为生动的声画叙事，观众在审美冲击之下感受着情感的力量。新闻事件的电影化改编通过注入了主创人员的伦理观念，激活了新闻报道的潜在意义，通过影像化的表达进一步释放了新闻文本中的社会效益。在边缘群体被忽视或异化的今天，新闻事件改编电影可以提供一个温和的交流平台，将观众集聚在同一视角下，弥补其缺失的信任与单一的视角，通过倾听与对话认同他人、认识自我，从而合力为同一个具体问题乃至同一类结构性问题发声，实现边缘群体的承认正义与分配正义。同情公众体现着社会的道德与正义，展示着人们的同情心，既是舆论武器又拥有政治力量。然而，其中不理性的情绪倾向也需要加以警惕，谨防差异压过平等、情绪盖过真相。在叙事转换的过程中，创作者应怀抱以热爱生命与尊重人格为核心的人文关怀，谨记当事人是真实立体的生命主体，以及事实存在复杂交织的多个面向。《药神》虽然存在着一定的伦理问题，但更多地推进了正义的发生，并为跨媒介改编提供了借鉴和反思的样本。在尊重的基础之上，新闻事件改编电影有望成为一种理解门槛更低的语言，通过叙事解决由于缺乏共享价值造成的认同困难，并在原子化与个体化的世界，让观众带着对他人的同理心与认同实现跨文化的对话，走向泰勒所说的文化宽容氛围下的"视域融合"。

① 王一楠：《从〈药神〉看中国现实主义电影的民粹化倾向》，《视听》2020年第2期。

图书在版编目(CIP)数据

媒介文化研究. 第三辑/陈龙主编;李春雷,曾一果执行主编.
—上海:上海三联书店,2022.11
ISBN 978 - 7 - 5426 - 7919 - 2

Ⅰ.①媒… Ⅱ.①陈… ②李… ③曾… Ⅲ.①传播媒介-文化研究
Ⅳ.①G206.2

中国版本图书馆 CIP 数据核字(2022)第 205816 号

媒介文化研究(第三辑)

主　　编/陈　龙
执行主编/李春雷　曾一果
责任编辑/杜　鹃
装帧设计/一本好书
监　　制/姚　军
责任校对/王凌霄

出版发行/上海三联书店
　　　　　(200030)中国上海市漕溪北路 331 号 A 座 6 楼
邮　　箱/sdxsanlian@sina.com
邮购电话/021 - 22895540
印　　刷/上海惠敦印务科技有限公司

版　　次/2022 年 11 月第 1 版
印　　次/2022 年 11 月第 1 次印刷
开　　本/710mm×1000mm　1/16
字　　数/160 千字
印　　张/11.75
书　　号/ISBN 978 - 7 - 5426 - 7919 - 2/G · 1657
定　　价/68.00 元

敬启读者,如发现本书有印装质量问题,请与印刷厂联系 021 - 63779028